현석샘과 새벽달이 함께하는

낭독하는
명연설문

× BOOK·2 ×

이현석 · 새벽달(남수진) 지음

차 례

"

동영상 QR 코드를 인식하여 이현석, 새벽달 선생님이 직접
이 책에 대한 소개와 활용법을 설명하는 영상을 확인해 보세요!

"

이 책은 이렇게 만들었어요!

1

● QR 코드를 인식하여 **연설 영상**을 시청해 보세요.

● 교훈과 영향력 등을 고려하여 선별한
6개의 명연설문을 이 책에 담았습니다.

● 시작하기 전에 연설가에 대한 **소개**와
연설 내용에 대한 간단한 **요약문**을 읽어 보세요.

2

● 각 연설문의 주요 내용을 **4개의 파트**로 나누어 수록했습니다.

● **주요 표현**의 뜻과
핵심 패턴을 예문과
함께 정리했습니다.

● **각주**를 참고하면 연설문의 내용을 더 깊이 있게 이해할 수 있습니다.

3

이현석 선생님의 **강세와 청킹 가이드**에 맞춰 더욱 유창하게 낭독해 보세요.

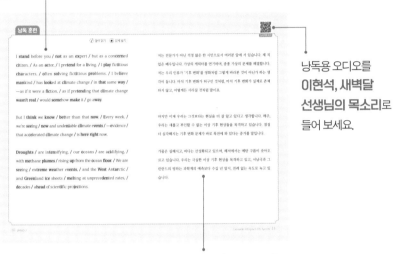

낭독용 오디오를
**이현석, 새벽달
선생님의 목소리**로
들어 보세요.

번역도 확인해 보세요! **한국어 낭독**을 하는 것도 좋습니다.

4

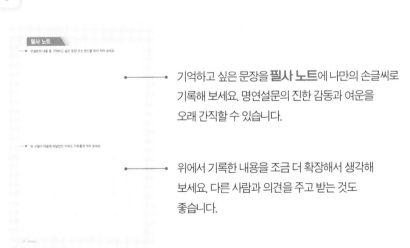

기억하고 싶은 문장을 **필사 노트**에 나만의 손글씨로
기록해 보세요. 명연설문의 진한 감동과 여운을
오래 간직할 수 있습니다.

위에서 기록한 내용을 조금 더 확장해서 생각해
보세요. 다른 사람과 의견을 주고 받는 것도
좋습니다.

Leonardo DiCaprio's Speech at the United Nations, 2014

레오나르도 디카프리오 UN 연설, 2014

레오나르도 디카프리오(Leonardo DiCaprio)는 영화 《타이타닉》, 《인셉션》 등에 출연한 미국의 유명 배우이자, 환경 활동가이다.

그는 2014년 UN 기후 정상 회의 개회사에서 기후 변화의 심각성과, 이에 대한 우리 모두의 책임에 대해 강조하며, 더 나은 환경을 위해 국제적인 협력과 세계인의 동참을 촉구했다.

이 연설은 환경 운동가로서의 그의 역할과 기후 변화에 대한 대중들의 인식을 높이는데 큰 기여를 했다.

SPEECH 1-1 레오나르도 디카프리오 UN 연설

I stand before you not as an expert but as a **concerned citizen**. As an actor, I pretend **for a living**. I play **fictitious characters**, often solving **fictitious problems**. I believe **mankind** has looked at climate change[1] in that same way—**as if it were a fiction**, as if pretending that climate change wasn't real would somehow make it go away.

But I think we know better than that now. Every week, we're seeing new and **undeniable** climate events—evidence that **accelerated climate change** is here right now.

Droughts are **intensifying**, our oceans are **acidifying**, with methane[2] **plumes** rising up from the **ocean floor**. We are seeing **extreme weather events**, and the West Antarctic and **Greenland ice sheets** melting at unprecedented rates, decades ahead of **scientific projections**.

---

1 climate change 기후 변화. 기후가 오랜 시간에 걸쳐 서서히 변화하는 현상. 오늘날에는 지구 기온이 점차 상승하고 있는 지구 온난화를 가리키는 경우가 많다.
2 methane 메탄가스. 무색무취의 가연성 기체로, 지구의 대기를 오염시켜 지구 온난화를 일으키는 온실가스 중 하나이다.

주요 표현 확인

concerned citizen 걱정하는 시민

for a living 생계를 위해

fictitious character 가상의 인물

fictitious problem 가상의 문제

mankind 인류

as if it were a fiction
마치 그것이 허구인 것처럼

undeniable 부인할 수 없는

accelerate climate change
기후 변화를 가속화시키다

drought 가뭄

intensify (정도·강도가) 심해지다

acidify 산성화되다

plume 솟아오르는 연기

ocean floor 해저

extreme weather event
극심한 기상 이변

West Antarctic 서남극의

Greenland ice sheets 그린란드의 빙하

scientific projection 과학적 예측

핵심 패턴 연습

• **make something go away** 없애다, 사라지게 하다

I often listen to my favorite song to **make** the stress of the day **go away**.
나는 하루 동안 쌓인 스트레스를 풀기 위해 내가 가장 좋아하는 노래를 자주 듣는다.

To **make** the bad smell in the kitchen **go away**, she opened the windows.
주방의 나쁜 냄새를 없애기 위해, 그녀는 창문을 열었다.

• **at unprecedented rates** 전례 없는 속도로

Artificial Intelligence is evolving **at unprecedented rates**.
인공 지능이 전례 없는 속도로 진화하고 있다.

The extinction of animal species is happening **at unprecedented rates** due to habitat destruction.
서식지 파괴로 인한 동물종들의 멸종이 전례 없는 속도로 일어나고 있다.

I **stand** before you / **not** as an **ex**pert / but as a con**cern**ed **ci**tizen. / As an **ac**tor, / I pre**tend** for a **li**ving. / I **play** fictitious **cha**racters, / often **sol**ving fictitious **prob**lems. / I be**lieve man**kind / has **look**ed at **cli**mate change / in **that** same **way** / —as if it were a **fic**tion, / as if pre**ten**ding that **cli**mate change **wasn't real** / would **some**how **make** it / go a**way**.

But I **think** we **know** / **bet**ter than that **now**. / **E**very week, / we're **see**ing / **new** and unde**ni**able **cli**mate e**vents** / —**e**vidence / that ac**cel**erated **cli**mate change / is **here right** now.

Droughts / are inten**si**fying, / our **o**ceans / are a**ci**difying, / with **me**thane **plumes** / **ris**ing **up** from the **o**cean **floor**. / We are **see**ing / ex**treme wea**ther e**vents**, / and the **West An**tar**c**tic / and **Green**land **ice** sheets / **mel**ting at unprece**den**ted rates, / **de**cades / a**head** of scientific pro**jec**tions.

저는 전문가가 아닌 걱정 많은 한 시민으로서 여러분 앞에 서 있습니다. 제 직업은 배우입니다. 가상의 캐릭터를 연기하며, 종종 가상의 문제를 해결합니다. 저는 우리 인류가 '기후 변화'를 영화처럼 그렇게 바라본 것이 아닌가 하는 생각이 듭니다. 마치 기후 변화가 허구인 것처럼, 마치 기후 변화가 실제로 존재하지 않고, 어떻게든 사라질 것처럼 말이죠.

하지만 이제 우리는 그것보다는 현실을 더 잘 알고 있다고 생각합니다. 매주, 우리는 새롭고 부인할 수 없는 이상 기후 현상들을 목격하고 있습니다. 점점 더 심각해지는 기후 변화 문제가 바로 목전에 와 있다는 증거를 말입니다.

가뭄은 심해지고, 바다는 산성화되고 있으며, 해저에서는 메탄 구름이 솟아오르고 있습니다. 우리는 극심한 이상 기후 현상을 목격하고 있고, 서남극과 그린란드의 빙하는 과학계의 예측보다 수십 년 앞서, 전례 없는 속도로 녹고 있습니다.

레오나르도 디카프리오 UN 연설

None of this is rhetoric, and none of it is hysteria. It is fact. The scientific community knows it, industry knows it, governments know it. Even the United States military knows it.

To be clear, this is not about just telling people to change their light bulbs or to buy a hybrid car[1]. This disaster has grown beyond the choices that individuals make. This is now about our industries and governments around the world taking decisive, large-scale action. Now must be our moment for action.

---

1 hybrid car 하이브리드 자동차. 연료로 석유와 전기를 함께 사용하여 기존 자동차에 비해 유해 가스 배출량을 획기적으로 줄인 친환경 자동차.

주요 표현 확인

hysteria 과잉 반응
the scientific community 과학계
to be clear 정확히 말하자면
change one's light bulb
전구를 교체하다
grow beyond ~을 넘어서다

**the choice that an individual
makes** 개인이 내리는 선택
large-scale 대규모의
moment for action
행동을 취해야 하는 순간

핵심 패턴 연습

- ### rhetoric 수사, 수사법

  You cannot bring about big meaningful changes just through flashy **rhetoric**.
  화려한 수사만으로는 큰 의미 있는 변화를 가져오기 힘들다.

  She used a lot of **rhetoric** to persuade the audience.
  그녀는 청중들을 설득하기 위해 갖은 수사를 사용했다.

- ### take decisive action 단호한 조치를 취하다

  The government **took decisive action** to stop the spread of the virus.
  정부는 바이러스의 전파를 멈추기 위해 단호한 조치를 취했다.

  The team leader **took decisive action** to make it through the crisis.
  팀장은 위기를 극복해 내기 위해 단호한 조치를 취했다.

낭독 훈련

(/ 끊어 읽기) (● 강세 넣기)

None of this / is rhetoric, / and none of it / is hysteria. / It is fact. / The scientific community / knows it, / industry / knows it, / governments / know it. / Even the United States military / knows it.

To be clear, / this is not about just telling people / to change their light bulbs / or to buy a hybrid car. / This disaster / has grown beyond the choices / that individuals make. / This is now / about our industries / and governments around the world / taking decisive, / large-scale action. / Now must be our moment / for action.

이것은 그냥 하는 말도 아니고, 과장된 이야기도 아닌, '팩트'입니다. 과학계도 이미 알고 있고, 업계도, 정부도, 심지어 미군도 이 사실을 알고 있습니다.

정확히 말하자면, 이 문제는 단순히 사람들에게 전구를 교체하거나, 자동차를 하이브리드로 구입하라고 권하는 그런 수준의 문제가 아닙니다. 이 재앙은 각자의 선택에 맡길 수 있는 수준을 넘어섰습니다. 이제는 산업과 전 세계의 정부가 단호하고 규모있는 조치를 취해야 할 때입니다. 이제는 우리가 행동으로 보여 줘야 할 때입니다.

레오나르도 디카프리오 UN 연설

We need to put a price tag on carbon emissions[1], and eliminate government subsidies for oil, coal, and gas companies. We need to end the free ride that industrial polluters have been given in the name of a free market economy[2]. They don't deserve our tax dollars. They deserve our scrutiny, for the economy itself will die if our ecosystems collapse.

The good news is that renewable energy is not only achievable but good economic policy. New research shows that by 2050, clean, renewable energy could supply 100% of the world's energy needs using existing technologies. And it would create millions of jobs.

This is not a partisan debate; it is a human one. Clean air and water, and a livable climate are inalienable human rights. And solving this crisis is not a question of politics. It is our moral obligation—if, admittedly, a daunting one.

----

1 carbon emission 탄소 배출. 화석 연료 사용과 같은 다양한 이유로 인해 이산화탄소, 메탄 등의 온실가스가 대기 중으로 배출되는 현상으로, 이는 지구 온난화를 발생시키는 주된 원인이다.

2 free market economy 자유 시장 경제. 자유와 경쟁을 원리로 하는 경제 제도. 개인이 자기 재산을 가지며 이익을 추구할 수 있고, 자유롭게 경제 활동을 할 수 있다.

연설 음원

주요 표현 확인

eliminate government subsidies
정부 보조금 지급을 중단하다

end the free ride 무임승차를 끝내다

industrial polluter 산업공해 유발자

scrutiny 철저한 감시

ecosystem 생태계

renewable energy 재생 에너지

the world's energy needs
세계의 에너지 수요

create millions of jobs
수백만 개의 일자리를 창출하다

partisan debate 당파적 논쟁

livable climate 살기 좋은 기후 여건

inalienable human right
양도할 수 없는 인간의 권리

be not a question of politics
정치적 문제가 아니다

moral obligation 도덕적 의무

admittedly 틀림없이, 명백히

daunting 만만치 않은

핵심 패턴 연습

• **put a price tag on** ~에 가격을 매기다, 대가를 산출하다

It's difficult to **put a price tag on** the value of education and knowledge.
교육과 지식의 가치에 가격을 매기는 것은 어려운 일이다.

The automaker will **put a price tag on** the new model next week.
그 자동차 제조사는 다음 주에 그 신차의 가격대를 결정할 것이다.

• **in the name of** ~라는 명목으로

He collected money **in the name of** charity for the school.
그는 학교를 위한 자선이라는 명목으로 기금을 모금했다.

They planted trees **in the name of** environmental protection.
그들은 환경 보호라는 명목으로 나무를 심었다.

낭독 훈련

We **need** to **put** a **price** tag / on **car**bon e**mis**sions, / and eliminate **gov**ernment **sub**sidies for **oil**, / **coal**, / and **gas** companies. / We **need** to **end** the **free** ride / that in**dus**trial pol**lu**ters have been **given** / in the **name** of a **free** market e**con**omy. / They **don't** de**serve** / our **tax** dollars. / They de**serve** our **scru**tiny, / for the e**con**omy it**self** will **die** / if our **e**cosystems col**lapse**.

The **good news** is that / re**new**able **en**ergy / is **not on**ly a**chie**vable / but **good** eco**nom**ic **pol**icy. / **New re**search **shows** that / by **2050**, / **clean**, renewable energy / could sup**ply 100%** of the **world's e**nergy **needs** / using e**xis**ting tech**no**logies. / And it would cre**ate** / **mil**lions of **jobs**.

This is **not** / a **par**tisan de**bate**; / it is a **hu**man one. / **Clean air** and **wa**ter, / and a **liv**able **cli**mate / are in**al**ienable **hu**man rights. / And **solv**ing this **cri**sis / is **not** a **ques**tion of **pol**itics. / It is our **mor**al obligation / —if, ad**mit**tedly, / a **daunt**ing one.

우리는 탄소 배출에 대한 비용을 청구해야 하고, 석유, 석탄, 가스 회사에 대한 정부 보조금을 없애야 합니다. 자유 시장 경제라는 명목하에 '산업공해 유발 업체'들이 누리던 공짜 혜택을 이제는 끝내야 합니다. 우리의 세금이 그런 산업의 발전에 사용되어서는 안 되며, 그들은 우리의 철저한 감시를 받아야 합니다. 왜냐하면 생태계가 붕괴되면 경제 자체가 무너지기 때문입니다.

기쁜 소식은, 재생 에너지는 달성할 수 있는 목표일 뿐 아니라, 훌륭한 경제 정책이라는 점입니다. 새로운 연구 결과에 따르면, 2050년까지 기존 기술을 사용하여 깨끗한 재생 가능 에너지가 전 세계 에너지 수요의 100%를 공급할 수 있고, 수백만 개의 일자리를 창출할 것입니다.

이것은 정당 간의 논쟁이 아닙니다. 인류의 문제입니다. 깨끗한 공기와 물, 그리고 살기 좋은 기후는 인간이 누려야 할 빼앗길 수 없는 권리입니다. 그리고 이 위기를 해결하는 것은 정치적 문제가 아니라 우리의 도덕적 의무입니다. 비록 그것이 인정할 수 밖에 없을 정도로 매우 벅찬 일이라 해도 말입니다.

레오나르도 디카프리오 UN 연설

We only get one planet. **Humankind** must **become accountable** *on a massive scale* for the **wanton destruction** of our **collective home**. Protecting our future on this planet depends on the **conscious evolution** of our **species**.

This is **the most urgent of times**, and **the most urgent of messages**. **Honored delegates**, leaders of the world, I pretend for a living. But you do not. The people *made their voices heard* on Sunday[1] around the world and the **momentum** will not stop. And now it's your turn. The time to answer **the greatest challenge of our existence** on this planet is now.

I beg you to **face it with courage** and honesty. Thank you.

---

1 Sunday 2014년 UN 기후 정상 회의가 열리기 직전 일요일에 진행된 글로벌 기후 행진(People's Climate March)을 가리키는 말. 전 지구적으로 약 67만 명이 넘는 시민들이 길거리로 나와 기후 변화에 대한 행동을 강구하는 목소리를 냈다.

주요 표현 확인

humankind 인류, 인간
become accountable 책임을 지다
wanton destruction 무자비한 파괴
collective home 공동 거주지
conscious evolution 의식적인 진화
species (생물의) 종(種)
the most urgent of times
가장 급박하게 돌아가는 시대

the most urgent of message
가장 긴급한 메시지
honored delegates 존경하는 대표단
momentum 여세, 탄력
the greatest challenge of our existence 우리의 생존이 걸린 가장 위대한 과업
face something with courage
용기를 가지고 ~에 맞서다

핵심 패턴 연습

• **on a massive scale** 대규모로

We celebrate the national holiday **on a massive scale**.
우리는 그 국경일을 대규모로 기념한다.

The villagers conducted a cleanup **on a massive scale** after the storm.
마을 사람들은 폭풍이 지나간 후에 대규모 청소를 했다.

• **make one's voice heard** 자신의 의견을 공개적으로 피력하다

She wrote a letter to the mayor to **make her voice heard**.
그녀는 자신의 의견을 피력하기 위해 시장에게 편지를 썼다.

He used social media to **make his voice heard** about the issue.
그는 그 문제에 대해 자신의 목소리를 내기 위해 소셜 미디어를 활용했다.

／ 끊어 읽기   ● 강세 넣기

We **only** get **one pla**net. / **Hu**mankind / must be**come** ac**coun**table / on a **mas**sive **scale** / for the **wan**ton de**struc**tion / of our col**lec**tive **home**. / Pro**tec**ting our **fu**ture / on this **pla**net / de**pends** on the **con**scious e**vo**lution / of our **spe**cies.

This is the **most ur**gent of **times**, / and the **most ur**gent of **mes**sages. / **Ho**nored **de**legates, / **lea**ders of the **world**, / I pre**tend** for a **li**ving. / But **you** / do **not**. / The **peo**ple **made** their **voi**ces **heard** on **Sun**day / a**round** the **world** / and the mo**men**tum will **not stop**. / And **now** / it's **your turn**. / The **time** to **an**swer / the **grea**test **chall**enge of our ex**is**tence / on this **pla**net / is **now**.

I **beg** you to **face** it / with **cou**rage / and **ho**nesty. / **Thank** you.

우리에게는 하나밖에 없는 지구입니다. 인류는 우리 공동의 집을 무분별하게 파괴한 것에 대해 대대적으로 책임을 져야 합니다. 우리 지구의 미래를 보호하는 것은 인류의 의식적인 진화에 달려 있습니다.

지금은 매우 시급한 때이고, 가장 긴급한 메시지입니다. 존경하는 대표자님, 세계의 지도자 여러분, 저는 직업상 연기를 하며 삽니다. 하지만 여러분은 아닙니다. 지난 일요일, 전 세계적으로 사람들이 목소리를 높였습니다. 그리고 이 기세는 멈추지 않을 것입니다. 그리고 이제, 여러분의 차례입니다. 지금이 바로 이 지구에서 우리가 살아남기 위해 할 수 있는 일이 무엇인지에 대해 대답해야 할 때입니다.

여러분이 용기로, 진실한 마음으로, 이 문제에 맞서 주시기를 간청합니다. 감사합니다.

● 연설문의 내용 중 기억하고 싶은 문장 또는 문단을 따라 적어 보세요.

● 위 구절이 마음에 와닿았던 이유도 자유롭게 적어 보세요.

▶ 연설 영상

Steven Spielberg's Commencement Address at Harvard University, 2016

스티븐 스필버그 하버드 대학교 졸업식 축사, 2016

스티븐 스필버그(Steven Spielberg)는 미국의 유명한 영화 감독 겸 각본가로, 《쥬라기 공원》, 《E.T.》, 《쉰들러 리스트》 등 다수의 흥행작을 연출했다.

2016년 하버드 대학교 연설에서 그는 자신이 제작한 영화와 개인적 경험을 바탕으로 세상에 만연한 차별과 혐오, 증오 등과 맞서 싸울 것을 독려하며, 더 나은 미래를 위해 과거를 공부할 것을 강조했다. 그는 연설에서 학생들이 자신만의 이야기를 찾고, 세상에 긍정적인 영향을 끼칠 수 있도록 격려했다.

스티븐 스필버그 하버드 대학교 졸업식 축사

I began college in my teens. But sophomore year, I was offered **my dream job** at Universal Studios, so I **dropped out**. I told my parents if my movie career **didn't go well**, I'd **re-enroll**. It went all right. But eventually, I returned for one big reason. I'm the father of seven, and I kept **insisting on** the importance of going to college. But I hadn't **walked the walk**. So, in my fifties, I re-enrolled at Cal State, Long Beach[1], and I **earned my degree**.

Life is one strong, long string of **character-defining moments**. And I was lucky that at 18, I knew **what I exactly wanted to do**. But I didn't know who I was. How could I? And how could any of us? Because for the first 25 years of our lives, we are trained to **listen to voices that are not our own**. Parents and professors fill our heads with wisdom and information, and then employers and mentors **take their place** and explain **how this world really works**.

---

1 Cal State, Long Beach 캘리포니아 주립 대학교 롱비치 캠퍼스. 23개의 캘리포니아 주립 대학교 캠퍼스 중 한 곳으로, 스티븐 스필버그는 이곳을 중퇴한 후 50대에 재입학하여 입학 34년 만에 문학사(Bachelor of Arts) 학위를 취득하였다.

연설 음원

one's dream job 꿈의 직업

drop out 중퇴하다

re-enroll 재등록하다

insist on ~을 집요하게 강조하다

earn one's degree 학위를 취득하다

character-defining moment 인격을 형성해 가는 순간

what someone exactly wants to do 정확히 무엇을 하길 원하는지

listen to a voice that is not our own 다른 사람들의 목소리를 듣다

take one's place ~의 자리를 대신하다

how this world really works 이 세상이 실제로 어떻게 돌아가는지

- **do not go well** (일이 바라던 대로) 잘 진행되지 않다

  Our picnic **did not go well** because it rained all day.
  하루 종일 비가 내려서 우리의 소풍이 원활하게 진행되지 않았다.

  The meeting **did not go well** because many disagreed with the plan.
  많은 사람이 그 계획에 동의하지 않았기 때문에 그 회의는 원활하게 진척되지 않았다.

- **walk the walk** 실제 행동으로 보여 주다

  To earn trust from other people, you need to **walk the walk**, not only talk.
  다른 사람들의 신뢰를 얻으려면, 말뿐만 아니라, 실제 행동으로 보여 줘야 한다.

  He always says that he works hard but never **walks the walk**.
  그는 자신이 열심히 일한다고 항상 말하지만 절대 실제 행동으로 보여 주지 않는다.

I be**gan** **coll**ege / in my **teens**. / But **so**phomore **year**, / I was **off**ered my **dream job** / at Univer**sal** **Stu**dios, / so I dropped **out**. / I **told** my **par**ents / if my **mo**vie ca**reer** **didn't go** well, / I'd re-en**roll**. / It **went** all **right**. / But e**ven**tually, / I re**turn**ed / for **one** big **rea**son. / I'm the **fa**ther of **sev**en, / and I **kept** in**sist**ing / on the im**por**tance of **go**ing to **coll**ege. / But I **hadn't walk**ed the **walk**. / **So**, / in my **fif**ties, / I re-en**roll**ed at **Cal** State, **Long** Beach, / and I **earn**ed my de**gree**.

Life is one **strong**, / **long string** of **cha**racter-de**fin**ing **mo**ments. / And I was **luck**y that / at **18**, / I **knew** / what I e**xact**ly **want**ed to **do**. / But I **didn't know** / **who** I was. / How **could** I? / And **how** could **an**y of us? / Be**cause** / for the **first 25** years of our **lives**, / we are **train**ed to **lis**ten to **voi**ces / that are **not** our **own**. / **Par**ents and pro**fess**ors / **fill** our **heads** / with **wis**dom and in**for**mation, / and **then** / em**ploy**ers and **men**tors / **take** their **place** / and ex**plain how** this **world** / **rea**lly **works**.

저는 10대에 대학에 입학했지만, 대학교 2학년 때 유니버설 스튜디오로부터 꿈꾸던 직업을 제안받고, 대학을 중퇴했습니다. 영화 일이 잘 풀리지 않으면 복학하겠다고 부모님께 말씀드렸는데, 일이 잘 풀렸습니다. 그런데 결과적으로, 저는 한 가지 중요한 이유로 인해 다시 대학에 진학했습니다. 저는 일곱 아이의 아빠이고, 아이들에게 대학 진학의 중요성에 대해 늘 강조했습니다. 하지만 저는 정작 그것을 몸소 보여 주지 못했거든요. 그래서, 제 나이 50대에, 캘리포니아 롱비치 주립 대학교에 재입학했고, 학위를 받았습니다.

인생은 자신만의 인격을 만들어 가는 길고도 강력한 순간들의 연속입니다. 그리고 저는 운 좋게도 18살의 나이에 제가 하고 싶은 것이 무엇인지 정확히 알고 있었습니다. 그렇지만 저는 제 자신이 누구인지 잘 몰랐습니다. 어떻게 알 수 있겠어요? 우리 중 누가 알 수 있을까요? 왜냐하면 지난 25년 간의 인생 동안, 우리는 자신의 목소리가 아닌 타인의 목소리를 듣도록 훈련받기 때문입니다. 부모님과 교수님들이 우리의 머릿속을 그들의 지혜와 정보로 가득 채웠고, 그 후에는 고용주와 멘토들이 그 역할을 이어받아 이 세상이 실제로 어떻게 돌아가는지 알려 주었습니다.

And usually these **voices of authority make sense**. But sometimes, doubt starts to **creep into our heads** and into our hearts. So I could relate to one of Harry Nilsson's[1] songs which goes, "Everybody was talkin' at me. So I couldn't hear the **echoes of my mind**."

And at first, the **internal voice** I needed to listen to **was hardly audible**, and it **was hardly noticeable**—kind of like me in high school. But then I started **paying more attention**, and **my intuition kicked in**. And I want to be clear that your intuition is different from your **conscience**.

They **work in tandem**, but here's the **distinction**: Your conscience shouts, "Here's what you should do," while your intuition whispers, "Here's what you could do." Listen to that voice that tells you what you could do. Nothing will **define your character** more than that. Because once I **turned to my intuition** and I **tuned into it**, certain projects began to **pull me into them**, and others, I **turned away from**.

---

1 **Harry Nilsson** 해리 닐슨. 미국의 작곡가 겸 가수. 팝(Pop)과 록(Rock) 장르의 음악을 만들었으며, 미국 최대 음악 시상식인 그래미 어워즈(Grammy Awards)에서 수상하기도 했다.

주요 표현 확인

a voice of authority
권위 있는 사람들의 목소리

one's intuition kicks in
직감이 발동하다

make sense 타당성을 가지고 있다

conscience 양심

creep into one's head
모르는 사이에 머릿속에 스며들다

distinction 차이, 구분

an echo of one's mind 마음의 메아리

turned to one's intuition
직감에 의존하다

internal voice 내면의 목소리

tune into something ~에 맞추다

be hardly audible 거의 들리지 않다

pull someone into something
~을 ~로 끌어당기다

be hardly noticeable
거의 알아차릴 수 없다

turn away from ~로부터 등을 돌리다

pay more attention
더 많은 주의를 기울이다

핵심 패턴 연습

- **work in tandem** 연동되어 작동하다

  The camera's shutter and lens **work in tandem** to capture a clear image.
  카메라의 셔터와 렌즈는 선명한 이미지를 포착하기 위해 연동되어 작동한다.

  The pedals and chains on a bicycle **work in tandem** to propel it forward.
  자전거의 페달과 체인은 자전거가 앞으로 나아가도록 연결되어 작동한다.

- **define one's character** 인격에 대해 단적으로 말해 주다

  How we react to failure can **define our character**.
  우리가 실패에 어떻게 반응하는지가 우리의 인격에 대해 단적으로 말해 줄 수 있다.

  A person's actions in times of difficulty **define his or her character**.
  어려움에 처한 사람의 행동은 그 사람의 인격에 대해 단적으로 말해 준다.

And usually / these voices of authority / make sense. / But sometimes, / doubt starts to creep into our heads / and into our hearts. / So / I could relate to one of Harry Nilsson's songs / which goes, / "Everybody was talkin' at me. / So I couldn't hear / the echoes of my mind."

And at first, / the internal voice / I needed to listen to / was hardly audible, / and it was hardly noticeable / —kind of like me in high school. / But then / I started paying more attention, / and my intuition kicked in. / And I want to be clear / that your intuition is different / from your conscience.

They work in tandem, / but here's the distinction: / Your conscience shouts, / "Here's what you should do," / while your intuition whispers, / "Here's what you could do." / Listen to that voice / that tells you / what you could do. / Nothing will define your character / more than that. / Because once I turned to my intuition / and I tuned into it, / certain projects / began to pull me into them, / and others, / I turned away from.

보통 이런 권위자들의 조언은 일리가 있습니다. 하지만 때때로 우리의 머리와 마음속에 슬슬 의문이 올라오기 시작합니다. "다들 내게 이래라저래라 말하는 통에, 내 내면의 소리를 들을 수가 없네."라고 시작하는 해리 닐슨의 노래와 딱 들어맞네요.

처음에는, 귀를 기울여야 할 그 내면의 목소리가 거의 들리지 않았고, 알아차릴 수도 없었습니다. 마치 고등학교 시절의 저처럼 말이죠. 하지만 곧이어 저는 좀 더 주의를 기울이기 시작했고, 그러자 제 직감이 작동하기 시작했습니다. 그리고 분명히 하고 싶은 것은 여러분의 '직감'과 여러분의 '양심'은 다르다는 것입니다.

직감과 양심, 이 둘은 함께 작동하지만, 차이점이 있습니다. 여러분의 '양심'은 소리칠 것입니다. "넌 이걸 해야만 해!" 하지만 여러분의 '직감'은 이렇게 속삭입니다. "넌 이걸 할 수 있어!" 여러분이 할 수 있는 것에 대해 말해 주는 그 목소리에 귀를 기울이세요. 그것보다 더 정확히 여러분의 인격을 정의할 수 있는 것은 없습니다. 일단 직감에 귀를 기울이고 집중했더니, 특정 프로젝트가 저를 끌어당기기 시작했고, 다른 모든 프로젝트들을 미련 없이 정리하게 되었습니다.

Then I **directed** 'The Color Purple'.[1] And this one film **opened my eyes to** experiences that I never could have imagined, and yet **were all too real**. This story **was filled with deep pain** and **deeper truths**, like when Shug Avery[2] says, "Everything wants to be loved."

My **gut**, which was my **intuition**, told me that more people needed to meet these characters and experience these truths. And while making that film, I realized that a movie could also **be a mission**. I hope all of you find that **sense of mission**.

Don't **turn away from** what's painful. Examine it. Challenge it. My job is to create a world that lasts two hours. Your job is to create a world that **lasts forever**. You are the **future innovators**, **motivators**, leaders, and **caretakers**. And the way you **create a better future** is by studying the past.

---

1 The Color Purple 영화 '컬러 퍼플'. 1985년 개봉한 스티븐 스필버그 감독의 작품으로, 남부 출신의 흑인 여성 셸리 (Celie)가 폭력적인 의붓아버지와 남편, 그리고 사회적 편견에도 불구하고 자신의 정체성과 자존감을 찾아가는 이야기를 담고 있다.

2 Shug Avery 슈그 에이버리. 영화 컬러 퍼플의 주인공 중 한 명. 영화 속에서 인종 차별 및 가족 문제와 관련하여 극을 이끌어 가는데 중요한 역할을 하는 인물이다.

○ 연설 음원

주요 표현 확인

direct (영화를) 감독하다

be all too real 너무나 현실적이다

be filled with deep pain
깊은 고통으로 가득 차 있다

deeper truth 더 깊은 진실

gut 본능, 촉

intuition 직감

be a mission 사명이다

sense of mission 사명감

last forever 영원히 지속되다

future innovator 미래의 혁신가

motivator 동기 부여자

caretaker 보호자

create a better future
더 나은 미래를 만들다

핵심 패턴 연습

• **open one's eyes to** ~에 눈을 뜨다, ~을 인지하기 시작하다

Traveling to other countries can **open your eyes to** various cultures.
다른 나라로 여행하는 것은 다양한 문화에 눈을 뜨게 해 줄 수 있다.

Her speech **opened my eyes** to the problems in our city.
그녀의 연설은 내가 우리 도시의 문제들을 인지하기 시작하게 했다.

• **turn away from** ~을 외면하다, ~에 등을 돌리다

We should not **turn away from** people who need our help.
우리는 도움이 필요한 사람들을 외면해서는 안 된다.

She had to **turn away from** her friends who didn't respect her choices.
그녀는 자신의 선택을 존중해 주지 않는 친구들에게 등을 돌려야 했다.

/ 끊어 읽기   ● 강세 넣기

Then / I di**rect**ed 'The **Co**lor **Pur**ple'. / And this **one film** / **o**pened my **eyes** to ex**pe**riences / that I **ne**ver could have i**mag**ined, / and **yet** were **all too real**. / **This** story was **filled** / with **deep pain** / and **deep**er **truths**, / like when **Shug** Avery says, / "**Ev**erything **wants** to be **lo**ved."

My **gut**, / which was my intuition, / **told** me / that **more** people / **need**ed to **meet** these **cha**racters / and ex**pe**rience these **truths**. / And while **ma**king that **film**, / I **re**alized that a **mo**vie / could **al**so be a **mis**sion. / I **hope all** of you / **find** that **sense** of **mis**sion.

Don't turn a**way** / from what's **pain**ful. / Ex**am**ine it. / **Chal**lenge it. / **My job** / is to cre**ate** a **world** / that **lasts two** hours. / **Your job** / is to cre**ate** a **world** / that **lasts** for**ev**er. / You are the **fu**ture **inn**ovators, / **mo**tivators, / **lea**ders, / and **care**takers. / And the **way** you cre**ate** a **bet**ter **fu**ture / is by **stud**ying the **past**.

그때 저는 '컬러 퍼플'이라는 영화를 감독했습니다. 이 영화는 제가 상상할 수 없었던 경험에 눈뜨게 해 주었는데, 그 모든 것이 너무나 현실적이었습니다. 이 이야기는 '깊은 고통'과 '더 깊은 진실'로 가득 차 있었습니다. 슈그 에이버리가 말하길, "모든 것은 사랑받기를 원한다."라고 한 것처럼요.

저의 본능, 즉 직감은 더 많은 사람이 이 영화 속 캐릭터를 만나 이 진실들을 경험해야 한다고 속삭였습니다. 그 영화를 촬영하는 동안, 저는 영화도 하나의 사명이 될 수 있다는 것을 깨달았습니다. 여러분도 여러분만의 사명을 찾기를 바랍니다.

고통을 외면하지 마세요. 실험해 보시고, 도전해 보세요. 제 일이 두 시간 분량의 세계를 창조하는 것이라면, 여러분의 일은 영원히 지속되는 세계를 창조하는 것입니다. 여러분이 미래의 혁신가이고, 동기 부여자이고, 지도자이고, 보호자입니다. 그리고 여러분이 더 나은 미래를 만드는 방법은 과거를 연구하는 것입니다.

스티븐 스필버그 하버드 대학교 졸업식 축사

Love, support, courage, intuition. All of these things are **in your hero's quiver**. But still, a hero needs one more thing: A hero needs **a villain to vanquish**. And you're **all in luck**. This world is full of monsters. And there's **racism**, **homophobia**, **ethnic hatred**, **class hatred**, there's **political hatred**, and there's **religious hatred**.

There's no difference between anyone who **is discriminated against**, whether it's the Muslims[1], or the Jews[2], or **minorities** on the border states, or the LGBT[3] community—it is all one big hate. And to me, and I think, to all of you, the only answer to more hate is more **humanity**. We have got to repair. We have to **replace fear with curiosity**. 'Us' and 'them'—we'll find the 'we' by connecting with each other. And by believing that we're **members of the same tribe**. And by **feeling empathy for** every soul—even Yalies[4].

---

1 Muslim 무슬림. 알라를 유일신으로 섬기며 코란을 경전으로 하는 이슬람교를 믿는 사람.

2 Jew 유대인. 여호와를 유일신으로 섬기며 유대교를 믿는 민족.

3 LGBT 동성애자, 양성애자, 성전환자 등을 포함한 성 소수자를 통칭하는 용어.

4 Yalies 미국 코네티컷주 뉴헤이븐에 있는 예일 대학교(Yale University)의 재학생 또는 졸업생을 가리키는 말. 예일 대학교는 초창기부터 하버드 대학교와 학문은 물론이고, 스포츠를 포함한 다양한 분야에서 경쟁하며 함께 발전해 왔다.

주요 표현 확인

in one's hero's quiver 영웅의 자질 속에
a villain to vanquish 무찔러야 할 악당
be all in luck 운이 따르다
racism 인종 차별
homophobia 동성애 혐오
ethnic hatred 민족적 증오
class hatred 계층간 증오
political hatred 정치적 증오

religious hatred 종교적 증오
minorities 소수 민족
humanity 인류애
replace fear with curiosity
두려움을 호기심으로 대체하다
a member of the same tribe
같은 종족의 구성원

핵심 패턴 연습

- ### be discriminated against 차별당하다

  In sports, no player should **be discriminated against** for their height.
  스포츠에서는, 어떤 선수도 자신의 키 때문에 차별당해서는 안 된다.

  Laws exist so that people won't **be discriminated against** unfairly.
  법은 사람들이 부당하게 차별당하지 않도록 존재한다.

- ### feel empathy for ~에 공감하다

  Reading books helps us **feel empathy for** different characters' lives.
  책을 읽는 것은 우리가 다른 등장인물의 삶에 공감하도록 도와준다.

  She was able to **feel empathy for** her friend going through a tough breakup.
  그녀는 힘든 이별을 겪고 있는 친구가 느끼는 감정에 공감할 수 있었다.

⟋ 끊어 읽기   ● 강세 넣기

Love, / sup**port**, / **cou**rage, / intu**i**tion. / **All** of these **things** / are in your **hero's quiver**. / But **still**, / a hero **needs** / **one** more **thing**: / A hero **needs** a **villain** / to **van**quish. / And you're **all** in **luck**. / **This world** / is **full** of **mon**sters. / And there's **ra**cism, / homo**pho**bia, / **eth**nic **ha**tred, / **class ha**tred, / there's po**li**tical **ha**tred, / and there's re**li**gious **ha**tred.

There's **no difference** / between **any**one / who is dis**cri**minated a**gainst**, / whether it's the **Mus**lims, / or the **Jews**, / or mi**no**rities on the **bor**der states, / or the **LGBT** com**mu**nity / —it is **all** one big **hate**. / And to **me**, / and I **think**, / to **all** of **you**, / the **on**ly answer to **more hate** / is **more** hu**ma**nity. / We have **got** to re**pair**. / We **have** to re**place fear** / with cu**ri**osity. / '**Us**' and '**them**' / —we'll **find** the '**we**' / by con**nec**ting with each **o**ther. / And by be**lie**ving / that we're **mem**bers / of the **same tribe**. / And by **fee**ling **em**pathy / for **e**very **soul** / —even **Ya**lies.

사랑, 지지, 용기, 직감. 이 모든 것들은 영웅의 필수 조건입니다. 그러나 여전히, 영웅에게는 한 가지가 더 필요합니다. 바로 물리쳐야 할 악당입니다. 여러분들은 운이 좋습니다. 이 세상은 괴물들로 가득하거든요. 인종 차별주의, 동성애 혐오, 민족적 증오, 계층간 증오, 정치적 증오, 그리고 종교적 증오 등 말입니다.

차별받는 사람들 사이에는 차이가 없습니다. 무슬림이든, 유대인이든, 국경 지대의 소수 민족이든, LGBT 커뮤니티든 모두 하나의 큰 증오입니다. 그리고 저에게, 그리고 여러분 모두에게, '증오'에 대한 유일한 해답은 '인류애'입니다. 우리는 이 세상을 고쳐야 합니다. '두려움'을 '호기심'으로 바꿔야 합니다. '그들'을 '우리들'로 바꿔야 합니다. 우리는 서로를 연결함으로써, 우리가 같은 부족의 일원임을 믿고, 모든 영혼에 깊이 공감함으로써 '우리'가 하나임을 깨닫게 될 것입니다. 심지어 라이벌인 예일대 학생들까지도 말이죠.

필사 노트

● 연설문의 내용 중 기억하고 싶은 문장 또는 문단을 따라 적어 보세요.

● 위 구절이 마음에 와닿았던 이유도 자유롭게 적어 보세요.

Taylor Swift's Commencement Address at New York University, 2022

테일러 스위프트 뉴욕 대학교 졸업식 축사, 2022

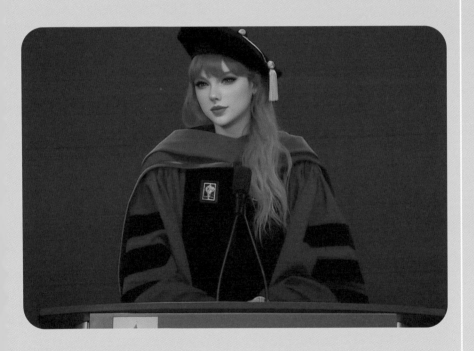

테일러 스위프트(Taylor Swift)는 미국의 유명한 가수 겸 작곡가이자 배우이다. 그녀는 세계적으로 권위 있는 음악 시상식인 그래미 어워즈에서 수차례 수상한 바 있다. 2022년 그녀는 뉴욕 대학교 졸업 연설에서 자기 자신을 사랑하며, 자신만의 길을 걸어 가는 것의 중요성, 그리고 인생에서 어려움에 직면했을 때 용감하게 극복하는 방법에 대한 이야기를 전했다. 이 연설은 졸업생들이 실패를 두려워하지 않고 꿈을 추구할 수 있도록 고무시키는 역할을 했다.

테일러 스위프트 뉴욕 대학교 졸업식 축사

Let me just say, I **am elated to** be here with you today as we celebrate and graduate New York University's Class of 2022.

I never got to have the normal college experience, **per se**. I went to **public high school** until tenth grade and finished my education doing homeschool work on the floors of airport terminals. Then I **went out on the road** on a radio tour[1], which sounds **incredibly glamorous**, but **in reality** it consisted of a rental car, motels, and my mom and I pretending to have **loud mother-daughter fights** with each other during boarding so no one would want the empty seat between us on Southwest[2].

I will give you some **life hacks** I wish I knew when I was **starting out my dreams** of a career, and **navigating** life, love, pressure, choices, shame, hope and friendship.

---

1 radio tour 라디오 투어. 가수, 작가, 배우 등이 자신의 최신 작품을 출시하면 이를 알리고 팬들과 상호 작용 하기 위해 여러 라디오 방송국을 방문하는 홍보 활동.
2 Southwest 사우스웨스트 항공. 미국의 대형 저비용 항공사.

be elated to ~하게 되어 매우 기쁘다
per se 있는 그대로 말하자면
public high school 공립 고등학교
go out on the road 길을 나서다
incredibly glamorous 엄청나게 화려한

a loud mother-daughter fight
시끄러운 모녀간의 싸움
start out one's dreams
꿈을 향한 여정에 나서다
navigate 헤쳐 나가다

핵심 패턴 연습

- **in reality** 실제로는, 사실은

  Many people think she is shy, but **in reality**, she's very talkative.
  많은 사람이 그녀가 수줍음을 많이 타는 줄 알지만, 실제로, 그녀는 말이 많다.

  He pretended to be confident, but **in reality**, he was very nervous.
  그는 자신 있는 척했지만, 사실은, 매우 긴장했다.

- **life hack** 인생 꿀팁

  There are many useful **life hacks** you can use to make life easier.
  인생을 조금 더 편하게 살 수 있게 도와주는 유용한 인생 꿀팁들이 있다.

  A handy **life hack** is to put a dry tea bag in your shoes to remove odors.
  유용한 생활 꿀팁 중 하나는 신발 속에 말린 티백을 넣어 냄새를 제거하는 것이다.

낭독 훈련

Let me **just say**, / I am el**at**ed / to **be** here with you to**day** / as we **ce**lebrate and **gra**duate / **New** York Uni**ver**sity's / **Class** of **2022**.

I **ne**ver got to **have** / the **nor**mal **coll**ege ex**per**ience, / per **se**. / I **went** to **pu**blic **high** school / until **tenth** grade / and **fin**ished my edu**ca**tion / **do**ing **home**school **work** / on the **floors** of **air**port **ter**minals. / **Then** / I went **out** on the **road** / on a **ra**dio **tour**, / which **sounds** in**cred**ibly **glam**orous, / but in re**al**ity / it con**sis**ted of a **ren**tal car, / **mo**tels, / and my **mom** and I / pre**tend**ing to **have** / **loud** mother-daughter **fights** with each **oth**er / during **board**ing / so **no** one would **want** / the **emp**ty **seat** between us / on **South**west.

I will **give** you some **life** hacks / I **wish** I **knew** / when I was **start**ing out my **dreams** / of a ca**reer**, / and **na**vigating **life**, / **love**, / **pres**sure, / **choices**, / **shame**, / **hope** / and **friend**ship.

이 말씀을 드려야겠네요. 오늘 이곳 뉴욕 대학교 2022년도 졸업식을 축하하는 자리에 참석하게 되어 매우 기쁩니다.

저는 정상적인 대학 생활을 해 본 적이 없습니다. 공립 고등학교를 다니다가 10학년 때 그만두고, 공항 터미널 바닥에서 홈스쿨링을 하며 학업을 마무리했습니다. 그 후 저는 라디오 투어를 떠났습니다. 매우 화려하게 들릴지 몰라도, 실상은 렌터카, 모텔, 그리고 사우스웨스트 항공 기내에서 탑승 중에 엄마와 저 사이의 빈자리에 아무도 앉지 못하게 하기 위해서 큰 소리로 싸우는 척하는 현실만 있었을 뿐입니다.

저는 이제 여러분에게 몇 가지 인생 꿀팁을 알려 드릴까 합니다. 제가 꿈에 그리던 커리어를 시작할 때, 또 제 삶과 사랑, 압박, 선택, 부끄러움, 희망 그리고 우정을 경험하면서, 미리 알았다면 좋았을 꿀팁 말입니다.

The first of which is: life can be heavy, especially if you try to carry it **all at once**. **Part of growing up** and moving into **new chapters of your life** is about **catch and release**. What I mean by that is, knowing what things to keep, and what things to release. You can't carry all things. Decide **what is yours to hold**, and let the rest go.

Oftentimes, the **good things in your life** are lighter anyway, so **there's more room for them**. One **toxic relationship** can **outweigh** so many wonderful, simple joys. You get to pick what your life has time and room for. Be **discerning**.

주요 표현 확인

all at once 한꺼번에

part of growing up
성숙해지는 과정의 일부

new chapters of one's life
인생의 새로운 장

catch and release 잡고 놓아 주는 일

what is one's to hold
무엇을 가지고 있을지

oftentimes 보통, 대체로

good things in one's life
인생에서 좋은 것들

there is more room for something
~을 위한 여지가 더 있다

toxic relationship 해로운 관계

outweigh 능가하다, 더 큰 여파를 끼치다

discerning 분별력이 있는

핵심 패턴 연습

- **let the rest go** 나머지는 놓아 주다

It's important to focus on your top priorities and **let the rest go**.
최우선 순위에 집중하고 나머지는 놓아 주는 것이 중요하다.

After doing your best, you have to accept the outcome and **let the rest go**.
최선을 다한 후에는, 결과에 승복하고 나머지는 내려 놓는 것이 좋다.

- **get to pick** 고를 수 있게 되다

She **gets to pick** her vacation spot, and she's considering somewhere tropical.
그녀는 휴가지를 고를 수 있게 되어서, 열대 기후인 지역을 고려하고 있다.

You **get to pick** the movie tonight, so choose something we can all enjoy.
오늘 밤 영화는 네가 고를 수 있으니까, 우리가 모두 즐길 수 있는 것으로 골라 봐.

(/) 끊어 읽기 (●) 강세 넣기

The **first** of which is: **/ life** can be **hea**vy, **/** espe**ci**ally if you **try** to **carry** it **/ all** at **once. / Part** of growing **up /** and **mo**ving into **new chap**ters of your **life /** is about **catch** and re**lease. / What** I **mean** by that is, **/ know**ing **what** things to **keep, /** and **what** things to re**lease. /** You **can't** carry **all** things. **/** De**cide what** is yours to **hold, /** and **let** the **rest go.**

Oftentimes, **/** the **good** things in your **life /** are **light**er **any**way, **/** so there's **more room** for them. **/ One** to**xic** re**la**tionship **/** can out**weigh so** many **won**derful, **/ sim**ple **joys. /** You **get** to **pick / what** your **life /** has **time** and **room** for. **/** Be dis**cern**ing.

첫 번째는 이것입니다. 인생이 상당히 무거울 수 있다는 점이죠. 특히 모든 것을 한꺼번에 짊어지려고 한다면요. 성숙으로 나아가는 과정, 인생의 새로운 챕터로 넘어가는 과정의 일부는 '선택'과 '버림'의 연속입니다. 이것이 무슨 말이냐면, 무엇을 잡고 가야 할지, 무엇을 놓아 주어야 할지를 잘 알아야 한다는 것입니다. 모든 것을 다 가지고 갈 수는 없습니다. 가져가야 할 것을 선택하고, 나머지는 놓아 주세요.

대체로, 인생에서 좋은 것들은 가볍기 때문에, 여유있게 즐길 수 있습니다. 하지만 독이 되는 관계 하나가, 수많은 멋지고 소박한 기쁨들을 압도할 수 있습니다. 여러분은 인생의 어떤 것에 시간과 마음을 쏟을 것인지 선택할 수 있습니다. 분별력을 갖추어야 합니다.

Secondly, learn to **live alongside cringe**. No matter how hard you try to avoid being cringe, you will **look back on your life** and cringe **retrospectively**. Cringe is unavoidable **over a lifetime**.

I was a teenager **in the public eye** at a time when our society **was absolutely obsessed with** the idea of having **perfect young female role models**. So I became a young adult while being fed the message that if I didn't make any mistakes, all the children of America would **grow up to be perfect angels**. It was all centered around the idea that **mistakes equal failure**. This has not been my experience. My mistakes led to the best things in my life.

Being publicly humiliated over and over again at a young age **was excruciatingly painful**. But it forced me to **devalue the ridiculous notion** of minute by minute, **ever-fluctuating social relevance** and **likability**.

주요 표현 확인

live alongside cringe
민망함을 견디며 살아가다

retrospectively 과거로 거슬러 올라가

over a lifetime 인생을 통틀어 볼 때

in the public eye 대중의 주목을 받는

be absolutely obsessed with
~에 극도로 집착하다

perfect young female role models
완벽한 젊은 여성 롤모델

grow up to be perfect angels
흠잡을 데 없는 천사로 성장하다

mistake equals failure
실수는 실패와 동일시되다

be publicly humiliated
공개적으로 모욕을 당하다

over and over again
수없이 반복적으로

devalue the ridiculous notion
말도 안 되는 생각에 의미 부여를 하지 않다

ever-fluctuating 변화무쌍한

social relevance 사회적 인지도

likability 호감도, 인기

핵심 패턴 연습

- **look back on one's life** 인생을 되돌아보다

  People often **look back on their lives** at the end of the year.
  사람들은 종종 연말에 자신의 인생을 되돌아본다.

  He often **looks back on his life** to learn from his mistakes.
  그는 자신의 과거 실수들에서 교훈을 얻기 위해 자주 인생을 되돌아본다.

- **be excruciatingly painful** 극도로 고통스럽다

  Getting a tooth pulled **was excruciatingly painful**.
  이를 뽑는 것은 몹시 고통스러웠다.

  Recovering from surgery can **be excruciatingly painful.**
  수술에서 회복하는 과정은 몹시 고통스러울 수 있다.

Secondly, / learn to live alongside cringe. / No matter how hard you try / to avoid being cringe, / you will look back / on your life / and cringe retrospectively. / Cringe is unavoidable / over a lifetime.

I was a teenager / in the public eye / at a time / when our society / was absolutely obsessed with the idea / of having perfect young female role models. / So I became a young adult / while being fed the message / that if I didn't make any mistakes, / all the children of America / would grow up / to be perfect angels. / It was all centered around the idea / that mistakes equal failure. / This has not been my experience. / My mistakes / led to the best things in my life.

Being publicly humiliated / over and over again / at a young age / was excruciatingly painful. / But it forced me / to devalue the ridiculous notion / of minute by minute, / ever-fluctuating social relevance / and likability.

두 번째로, '민망함'과 함께 살아가는 법을 배우세요. 제아무리 망신을 피해 보려고 애를 써도, 지난 인생을 되돌아보면 부끄러웠던 순간들이 있을 것입니다. 부끄러운 경험은 평생 피할 수 없습니다.

저는 10대에 대중의 시선을 온몸으로 받으며 자랐고, 당시 사회는 완벽한 젊은 여성 롤모델에 절대적으로 집착하던 때였습니다. 그래서 저는 '네가 어떤 실수도 하지 않으면, 미국의 모든 어린이들이 완벽한 천사로 성장할 수 있어.'라는 메시지에 세뇌된 채 그렇게 젊은 어른이 되었습니다. 이 모든 것은 '실수는 곧 실패'라는 생각에 기반하고 있었습니다. 그렇지만 제 경험은 달랐습니다. 제 실수들은 저에게 인생 최고의 것들을 선사했습니다.

어린 나이에 여러 차례 공개적으로 모욕을 당하는 것은 극도로 고통스러운 일이었지만, 그 경험들 덕분에 저는 시시각각 변덕스럽게 바뀌는 대중의 인지도와 호감도에 연연하지 않을 수 있었습니다.

Every choice you make leads to the next choice which leads to the next. And I know it's hard to **know** sometimes **which path to take**. There will be times in life when you need to stand up for yourself. Times when the right thing is actually to **back down and apologize**. Times when the right thing is to fight. Times when the right thing is to **turn and run**. Times to **hold on with all you have** and times to **let go with grace**.

Sometimes, the right thing to do is to **throw out the old schools of thought** in the name of **progress and reform**. Sometimes, the right thing to do is to sit and listen to the wisdom of **those who have come before us**.

How will you **know what the right choice is** in these crucial moments? You won't. How do I give advice to this many people about their life choices? I won't. The scary news is: You're on your own now. But the cool news is: You're on your own now.

주요 표현 확인

know which path to take
어떤 길을 선택해야 하는지 알다

back down and apologize
한 걸음 물러나서 사과하다

turn and run 뒤돌아서서 도망치다

hold on with all you have
모든 수단을 동원해서 견뎌 내다

let go with grace 우아하게 놓아 주다

throw out the old schools of thought 낡은 사고방식들을 던져 버리다

progress and reform 진보와 개혁

those who have come before us
인생 선배, 우리보다 앞서 살아온 사람들

know what the right choice is
무엇이 옳은 선택인지 인식하다

핵심 패턴 연습

- **stand up for oneself** 자신의 입장을 옹호하다

  It's important to **stand up for oneself** when treated unfairly.
  부당한 대우를 받았을 때 자신의 입장을 옹호하는 것이 중요하다.

  To **stand up for oneself**, you need to have courage and self-respect.
  스스로를 지키기 위해서는, 용기와 자기 존중을 가져야 한다.

- **be on one's own** 스스로 알아서 하다

  She had to **be on her own** after her roommates moved out.
  룸메이트들이 이사를 간 후 그녀는 스스로 알아서 해야만 했다.

  He decided to **be on his own** and started his own business.
  그는 독립하기로 결정하고 자기 사업을 시작했다.

Every **choice** you **make** / **leads** to the **next choice** / which **leads** to the **next**. / And I **know** / it's **hard** to **know** sometimes / **which path** to **take**. / There will be **times** in **life** / when you **need** to stand **up** / for your**self**. / **Times** when the **right** thing / is **ac**tually to back **down** / and a**pol**ogize. / **Times** when the **right** thing / is to **fight**. / **Times** when the **right** thing / is to **turn** and **run**. / **Times** to hold **on** / with **all** you **have** / and **times** to let **go** / with **grace**.

Sometimes, / the **right** thing to **do** / is to throw **out** the **old schools** of **thought** / in the **name** of **prog**ress and re**form**. / **Some**times, / the **right** thing to **do** / is to **sit** and **lis**ten to the **wis**dom / of **those** who have **come** be**fore** us.

How will you **know** / **what** the **right choice** is / in these **cru**cial **mo**ments? / You **won't**. / **How** do I **give** ad**vice** / to **this** many **peo**ple / about their **life choices**? / I **won't**. / The **scary news** is: / You're on your **own now**. / But the **cool news** is: / You're on your **own now**.

여러분의 선택 하나하나가 다음 선택으로 연결되고, 또 그다음 선택으로 이어집니다. 때로는 어떤 선택을 내려야 할지 알기 어려운 경우도 있습니다. 살다 보면 여러분 스스로를 옹호해야 할 때가 옵니다. 어떤 때는 오히려 물러서서 사과하는 것이 옳을 수 있습니다. 맞서 싸우는 것이 옳을 때도 있고, 뒤돌아서 도망쳐야 할 때도 있습니다. 여러분이 가진 모든 것을 걸고 견뎌야 할 때도 있고, 우아하게 놓아 주어야 할 때도 있습니다.

때때로, '진보'와 '개혁'이라는 명목으로 낡은 사고방식을 모두 던져 버리는 것이 옳을 수 있습니다. 또 어떤 때는, 차분히 앉아 우리 인생 선배들의 지혜에 귀를 기울이는 것이 정답일 수 있습니다.

이 중요한 순간에 어떤 선택이 옳은지 어떻게 알 수 있을까요? 알 수 없습니다. 이렇게 많은 분들께 제가 어떻게 인생의 선택에 대한 조언을 드릴 수 있을까요? 저는 조언을 드릴 생각이 없습니다. 끔찍한 소식은, 이제 여러분은 혼자라는 사실입니다. 그러나 기쁜 소식 또한, 이제 여러분은 혼자라는 사실입니다.

● 연설문의 내용 중 기억하고 싶은 문장 또는 문단을 따라 적어 보세요.

● 위 구절이 마음에 와닿았던 이유도 자유롭게 적어 보세요.

RM's Speech at the United Nations, 2018

RM UN 연설, 2018

RM은 전 세계적으로 수많은 팬들을 보유하고 있는 케이팝(K-pop) 그룹 방탄소년단 (BTS)의 리더이자 래퍼이다. 그는 직접 작사, 작곡한 음악을 통해 많은 이들과 소통하고 공감하며 위로를 주고 있다.

그는 2018년 UN 본부 회의장에서 '나 자신을 사랑하라'는 주제의 메시지를 전했다. 데뷔 초창기의 실패 경험과 감정을 공유하며, 전 세계 청년들이 각자의 꿈과 이야기를 찾도록 용기와 희망을 준 메시지로 평가받고 있다.

RM UN 연설

My name is Kim Namjoon, **also known as** RM, the leader of the group BTS[1]. **It's an incredible honor to** be invited to **an occasion with such significance** for today's young generation.

I would like to begin by talking about myself. I was born in Ilsan, a city near Seoul, South Korea. It's a really beautiful place, with a lake, hills, and even an **annual flower festival**. I **spent a very happy childhood** there, and I was **just an ordinary boy**. I used to **look up at the night sky in wonder**, and I used to **dream the dreams of a boy**.

Looking back, I think that's when I began to worry about **what other people thought of me** and started seeing myself through their eyes. I stopped looking up at the night skies, the stars. I stopped **daydreaming**. Instead, I just tried to **jam myself into the molds** that other people made. Soon, I began to **shut out my own voice** and started to listen to the voices of others.

---

1 **BTS** 방탄소년단. 전 세계적으로 유명한 대한민국의 7인조 보이 그룹이다. 대한민국의 문화 및 예술 발전에 기여한 사람에게 수여하는 문화 훈장을 받았으며, 타임지(TIME)가 뽑은 '세계에서 가장 영향력 있는 100인'에도 선정되었다.

연설 음원

주요 표현 확인

also known as ~로도 알려진

an occasion with such significance
이렇게 의미 있는 행사

annual flower festival 연례 꽃 박람회

spend a very happy childhood
매우 행복한 유년 시절을 보내다

just an ordinary boy 그저 평범한 소년

look up at the night sky in wonder 경이롭게 밤하늘을 올려다보다

dream the dreams of a boy
소년의 꿈을 꾸다

what other people think of someone
다른 사람들이 ~을 어떻게 생각하는지

daydream 공상에 잠기다

jam oneself into the molds
자신을 틀에 끼워 맞추다

shut out one's own voice
스스로 입을 닫다

핵심 패턴 연습

- **It is an incredible honor to** ~하게 되어 대단한 영광이다

  It is an incredible honor to receive this prestigious award.

  이렇게 권위 있는 상을 받게 되어 대단한 영광이다.

  It was an incredible honor to meet a famous author like her in person.

  그녀와 같이 유명한 작가를 직접 만나게 되어 대단한 영광이었다.

- **looking back** 되돌아보면

  Looking back, he regrets not spending more time with his family.

  되돌아보면, 그는 가족과 더 많은 시간을 보내지 않은 것을 후회한다.

  Looking back, those challenges helped me grow a lot.

  되돌아보면, 그 도전들은 내가 성장하는 데 많은 도움이 되었다.

RM's UN Speech 63

／ 끊어 읽기　● 강세 넣기

My **name** is **Kim** Nam**joon**, / **al**so known as **RM**, / the **lea**der of the group **BTS**. / It's an in**cre**dible **honor** / to be in**vi**ted to an oc**ca**sion / with such sig**ni**ficance / for to**day's young** gene**ra**tion.

I would **like** to be**gin** / by **talk**ing about my**self**. / I was **born** in Ilsan, / a **ci**ty near **Seoul**, **South** Ko**rea**. / It's a **real**ly **beau**tiful **place**, / with a **lake**, / **hills**, / and **e**ven an **an**nual **flow**er **fes**tival. / I **spent** a **ve**ry happy **child**hood **there**, / and I was **just** an **or**dinary **boy**. / I **used** to look **up** at the **night sky** / in **won**der, / and I **u**sed to **dream** the **dreams** / of a **boy**.

Looking **back**, / I **think that's** when I be**gan** to **wor**ry about / what **o**ther **peo**ple **thought** of me / and **start**ed **see**ing myself / through their **eyes**. / I **stop**ped looking **up** at the **night skies**, / the **stars**. / I **stop**ped **day**dreaming. / In**stead**, / I **just tried** to **jam** myself into the **molds** / that **o**ther people **made**. / **Soon**, / I be**gan** to shut **out** my own **voice** / and **start**ed to **lis**ten to the **voi**ces / of **o**thers.

저는 그룹 방탄소년단의 리더이자, RM으로 알려진 김남준입니다. 오늘날 젊은 세대에게 큰 의미가 있는 행사에 초대받게 되어 정말 영광입니다.

저는 저에 대한 이야기부터 시작하고자 합니다. 저는 대한민국 서울 근처에 있는, 일산이라는 도시에서 태어났습니다. 호수와 언덕이 있고 매년 꽃 축제도 열리는 정말 아름다운 곳입니다. 저는 그곳에서 아주 행복한 유년 시절을 보냈고, 그저 평범한 소년이었습니다. 저는 밤하늘을 보며 경이로움에 빠졌고, 소년의 꿈을 꾸곤 했습니다.

돌이켜 보면, 바로 그때부터 다른 사람들이 저를 어떻게 생각할까에 대해 걱정하기 시작했던 것 같습니다. 다른 사람의 눈을 통해 저 자신을 바라보기 시작했던 것 같습니다. 저는 밤하늘과 별을 바라보는 것을 멈추었고, 공상도 멈추었습니다. 대신에, 저는 다른 사람들이 만들어낸 틀에 저 자신을 끼워 맞추기 위해 애썼습니다. 곧, 저는 입을 다물었고, 다른 사람들의 말에 귀를 기울이기 시작했습니다.

No one **called out my name**, and neither did I. My heart stopped and **my eyes closed shut**. So, like this, I, we, all lost our names. We became like ghosts. But I had one **sanctuary**, and that was music. There was a small voice in me that said, "Wake up, man, and listen to yourself."

But it **took me quite a long time** to hear the music calling my real name. Even after making the decision to join BTS, there were **a lot of hurdles**. Some people might not believe, but most people thought we were **hopeless**.

And sometimes, I just **wanted to quit**. But I think I was very lucky that I didn't **give it all up**. And I'm sure that I, and we, will **keep stumbling and falling** like this.

주요 표현 확인

one's eyes closed shut 눈이 꼭 감기다
sanctuary 안식처
take someone quite a long time
~에게 꽤 오랜 시간이 걸리다
hopeless 가망 없는, 절망적인

want to quit 포기하고 싶다
give it all up 모든 것을 그만두다
keep stumbling and falling
계속해서 휘청거리고 넘어지다

핵심 패턴 연습

- **call out one's name** 이름을 부르다

  The coach **called out the player's name** to replace him.
  감독은 선수 교체를 하기 위해 그 선수의 이름을 불렀다.

  The staff **called out my name** when my coffee was ready.
  커피가 준비되자 직원은 내 이름을 불렀다.

- **a lot of hurdles** 많은 장애물

  To achieve her life goals, she must overcome **a lot of hurdles**.
  인생의 목표들을 이루기 위해, 그녀는 많은 장애물을 극복해야 한다.

  Overcoming **a lot of hurdles** made her stronger and more confident.
  여러 장애물을 극복하면서 그녀는 더욱 강해졌고 더 많은 자신감을 가지게 되었다.

No one / called **out** my **name**, / and **nei**ther did **I**. / My **heart** **stop**ped / and my **eyes** closed **shut**. / So, / like **this**, / **I**, / **we**, / **all** lost our **names**. / We be**came** like **ghosts**. / But I had **one** **sanc**tuary, / and that was **mu**sic. / There was a **small voice** in me / that said, / "Wake **up**, **man**, / and **lis**ten to your**self**."

But it **took** me **quite** a long **time** / to **hear** the **music** / **call**ing my **real name**. / Even after **mak**ing the de**cis**ion / to **join** BTS, / there were a **lot** of **hur**dles. / **Some** people might **not** believe, / but **most** people **thought** / we were **hope**less.

And **some**times, / I **just want**ed to **quit**. / But I **think** I was **very luck**y / that I **didn't** give it **all up**. / And I'm **sure** that / **I**, / and **we**, / will **keep stum**bling / and **fall**ing like this.

아무도 제 이름을 불러 주지 않았고, 저조차 제 이름을 부르지 않았습니다. 제 심장은 더 이상 뛰지 않았고, 저는 두 눈을 꼭 감았습니다. 그런 식으로, 저 그리고 우리는 모두 이름을 잃었습니다. 유령처럼 되어 버렸습니다. 그러나 저에게는 안식처가 하나 있었고, 그것은 바로 음악이었습니다. 제 안에 작은 목소리가 이렇게 말하고 있었습니다. "이봐, 정신 차려, 너 자신에게 귀 기울여 봐."

하지만 제 진짜 이름을 부르는 그 음악을 듣기까지는 꽤 오랜 시간이 걸렸습니다. 방탄소년단에 합류하기로 결심한 후에도, 많은 장애물이 있었습니다. 믿기지 않으시겠지만, 대부분의 사람들은 저희에게 희망이 없다고 생각했습니다.

그리고 때때로, 저는 그냥 포기하고 싶었습니다. 그렇지만 완전히 포기하지 않은 것이 참 다행이었다는 생각이 듭니다. 그리고 저는 확신합니다. 저, 그리고 우리는 모두 이렇게 계속 휘청거리고 넘어질 것이란 사실을 말입니다.

And maybe I **made a mistake** yesterday, but yesterday's me is still me. Today, **I am who I am** with all my **faults** and my mistakes.

Tomorrow, I might **be a tiny bit wiser**, and that'll be me too. These faults and mistakes are what I am, **making up** the brightest stars **in the constellation of my life**. I have **come to love myself** for who I am, for who I was, and for **who I hope to become**. I'd like to ask all of you: What is your name? What excites you and **makes your heart beat**? Tell me your story.

make a mistake 실수를 하다

I am who I am
내 자신을 있는 그대로 받아들이다

fault 결점, 단점

be a tiny bit wiser 조금 더 현명해지다

make up (~을) 이루다, 형성하다

in the constellation of one's life
삶의 별자리에서

who someone hopes to become
~가 되고 싶은 사람

• **come to love oneself** 자신을 사랑하게 되다

By accepting my flaws, I have **come to love myself**.
나의 부족한 면들을 받아들임으로써, 나는 나 자신을 사랑하게 되었다.

I have **come to love myself**, not comparing myself to others.
남들과 비교하지 않고, 나는 나 자신을 사랑하게 되었다.

• **make one's heart beat** 심장을 뛰게 하다

Meeting your favorite celebrity **makes your heart beat**.
가장 좋아하는 연예인을 만나는 것은 심장을 뛰게 한다.

Standing on stage in front of a big audience **made his heart beat**.
관객들이 지켜보는 무대 위에 서는 것은 그의 심장을 뛰게 했다.

낭독 훈련

(/) 끊어 읽기   (●) 강세 넣기

And **maybe** / I **made** a mis**take yes**terday, / but **yes**terday's **me** / is **still me**. / To**day**, / I am **who** I am / with **all** my **faults** / and my mis**takes**.

To**mor**row, / I **might** be a **tiny** bit **wis**er, / and **that'll** be **me** too. / **These faults** and mis**takes** / are **what** I am, / making **up** the **brigh**test **stars** / in the constel**la**tion of my **life**. / I have **come** to **love** my**self** / for **who** I am, / for **who** I was, / and for **who** I **hope** to be**come**. / I'd **like** to **ask all** of you: / **What** is your **name**? / **What** excites you / and **makes** your **heart beat**? / **Tell** me your **sto**ry.

그리고 어쩌면, 어제 저는 실수를 했을지도 모릅니다. 하지만 어제의 저도 여전히 저입니다. 오늘, 이렇게 결점이 많고 실수하는 제 모습도 저입니다.

내일, 저는 어쩌면 조금 더 현명해질 수도 있을 것입니다. 그 또한 저일 것입니다. 이 결점과 실수들이 저를 만들어 가며, 제 인생이라는 별자리에서 가장 빛나는 별들을 이루고 있습니다. 저는 과거의 나, 현재의 나, 그리고 미래의 나 모두를 사랑하게 되었습니다. 여러분들에게 묻고 싶습니다. 여러분의 이름은 무엇인가요? 여러분을 흥분시키고 가슴 뛰게 하는 것은 무엇인가요? 여러분의 이야기를 들려주세요.

I want to **hear your voice**, and I want to **hear your conviction**. No matter **who you are**, **where you're from**, your skin color, your **gender identity**, just speak yourself. Find your name and find your voice by speaking yourself.

I'm Kim Namjoon, and also RM of BTS. I'm an idol and I'm an artist from a small town in Korea. **Like most people**, I've **made many and plenty of mistakes** in my life. I **have many faults** and I have many more fears, but I am going to **embrace myself** as hard as I can. And I'm starting to love myself gradually, just little by little. What is your name? Speak yourself. Thank you very much.

hear one's voice ~의 목소리를 듣다

hear one's conviction ~의 신념을 듣다

who someone is ~가 누구인지

where someone is from
~가 어디에서 왔는지

gender identity 성 정체성

make many and plenty of mistakes 많은 실수를 수없이 하다

have many faults 단점이 많다

핵심 패턴 연습

- ## like most people 대부분의 사람처럼

  Like most people, they find laughter to be the best medicine.

  대부분의 사람처럼, 그들은 웃음이 최고의 약이라고 생각한다.

  Like most people, I was looking forward to my vacation with excitement.

  대부분의 사람처럼, 나는 설레는 마음으로 휴가를 기대하고 있었다.

- ## embrace oneself 자신을 받아들이다

  She learned how to **embrace herself** and her unique personality.

  그녀는 자신과 자신의 독특한 성격을 받아들이는 방법을 터득하게 되었다.

  He decided to **embrace himself**, regardless of what other people think.

  그는 다른 사람들의 의견에 상관없이, 자기 스스로를 받아들이기로 했다.

I **want** to **hear** your **voice**, / and I **want** to **hear** your con**vic**tion. / No **matter who** you are, / **where** you're from, / your **skin** color, / your **gen**der i**den**tity, / **just speak** yourself. / **Find** your **name** / and **find** your **voice** / by **speak**ing yourself.

I'm **Kim** Nam**joon**, / and **al**so **RM** of **BTS**. / I'm an **idol** / and I'm an **artist** / from a **small town** in Ko**rea**. / Like **most peo**ple, / I've **made man**y / and **plen**ty of mis**takes** / in my **life**. / I have **man**y **faults** / and I have **man**y more **fears**, / but I am **go**ing to em**brace** my**self** / as **hard** as I **can**. / And I'm **start**ing to **love** myself **gra**dually, / **just lit**tle by **little**. / **What** is your **name**? / **Speak** your**self**. / **Thank** you **ve**ry **much**.

여러분의 목소리를 듣고 싶습니다. 그리고 여러분의 신념을 듣고 싶습니다. 여러분이 누구든, 어디에서 왔든, 피부색이 어떻든, 성 정체성이 무엇이든, 여러분 자신을 있는 그대로 표현해 주세요. 그렇게 함으로써 여러분의 이름과 목소리를 되찾으세요.

저는 김남준이고, 방탄소년단의 RM입니다. 저는 한국의 작은 도시 출신 아이돌이자 아티스트입니다. 다른 사람들과 마찬가지로, 저 역시 제 삶에서 아주 많은 실수를 저질렀습니다. 저는 결점이 많은 인간이고 두려움도 많습니다. 그렇지만 저는 가능한 한 열심히 저 자신을 받아들이고자 합니다. 그리고 차차 저 자신을 사랑하기 시작할 것입니다. 조금씩 조금씩이요. 여러분의 이름은 무엇인가요? 여러분 자신을 표현해 보세요. 감사합니다.

필사 노트

● 연설문의 내용 중 기억하고 싶은 문장 또는 문단을 따라 적어 보세요.

● 위 구절이 마음에 와닿았던 이유도 자유롭게 적어 보세요.

▶ 연설 영상

Christopher Nolan's Commencement Address at Princeton University, 2015

크리스토퍼 놀란 프린스턴 대학교 졸업식 축사, 2015

크리스토퍼 놀란(Christopher Nolan)은 영국의 영화 감독으로, 《인셉션》과 《인터스텔라》 등의 작품을 연출했다. 그의 작품은 시각적으로 훌륭하며 복잡한 구조와 심오한 주제를 담고 있다.

그는 2015년 프린스턴 대학교에서 단순히 꿈을 좇기보다는 꿈을 실현하기 위한 기반으로 현실을 좇을 것을 강조했다. 또한 졸업생들에게 무한한 잠재력이 있음을 일깨워 주며 지금까지의 변화에 만족하지 않고 더 나은 세상을 만드는 데에 기여하도록 격려했다.

It's **a tremendous honor** to be here. **I'm supposed to** stand here today and tell you that, you know, not to worry.

Your gaps in your knowledge, you're going to fill them with experience. Some of it **marvelous**, some of it terrible, and you're going to learn that way. But **what you have achieved** here will see you through that. What you've achieved here, you haven't just learned **a body of knowledge**. You've learned **how to learn**. You've learned **the value of learning**.

And I can say **in all honesty—20 years on**—I'm a much better student now than I was when I was at college, and I think **the same will be true** for most of you. And true, you'll **carry on learning**, you'll **carry on expanding**, and most importantly, some of those gaps will be filled with **the most precious thing of all**: which is new thought. New ideas. Things that are going to change the world.

주요 표현 확인

a tremendous honor 엄청난 영광

be supposed to ~해야 마땅하다

marvelous 경이로운

what someone has achieved
~가 이루어 낸 것

a body of knowledge
어느 정도 양의 지식

how to learn 배우는 방법

the value of learning 배움의 가치

in all honesty 솔직히 말해서

20 years on 20년이 지나고 보니

carry on expanding 계속 발전하다

the most precious thing of all
무엇보다 가장 소중한 것

핵심 패턴 연습

- **the same will be true** 마찬가지일 것이다

  Eating vegetables is healthy, and **the same will be true** for you.
  채소를 먹는 것은 건강에 좋으며, 너에게도 마찬가지일 것이다.

  If it rains here today, **the same will be true** for the nearby neighborhood.
  오늘 이곳에 비가 온다면, 인근 동네에도 마찬가지일 것이다.

- **carry on learning** 배움을 지속하다

  All doctors must **carry on learning** to keep up with medical advancements.
  모든 의사들은 의학 기술의 발전에 뒤쳐지지 않기 위해 배움을 꾸준히 지속해야 한다.

  After retirement, he chose to **carry on learning** by taking various courses online.
  은퇴 후, 그는 다양한 인터넷 강의를 수강함으로써 배움을 멈추지 않기로 결정했다.

It's a tremendous honor / to be here. / I'm supposed to stand here today / and tell you that, / you know, / not to worry.

Your gaps in your knowledge, / you're going to fill them / with experience. / Some of it marvelous, / some of it terrible, / and you're going to learn that way. / But what you have achieved here / will see you through that. / What you've achieved here, / you haven't just learned / a body of knowledge. / You've learned / how to learn. / You've learned / the value of learning.

And I can say in all honesty / —20 years on— / I'm a much better student now / than I was / when I was at college, / and I think the same will be true / for most of you. / And true, / you'll carry on learning, / you'll carry on expanding, / and most importantly, / some of those gaps / will be filled / with the most precious thing of all: / which is new thought. / New ideas. / Things / that are going to change the world.

이 자리에 서게 되어 큰 영광입니다. 저는 오늘 이 자리에서 여러분에게 이 말을 해야 마땅하겠지요. 걱정할 것 하나 없다고 말입니다.

여러분 지식의 빈틈은 이제 경험으로 채워질 것입니다. 그중에는 놀라운 경험도 있을 것이고, 끔찍한 경험도 있을 것입니다. 그리고 여러분은 그런 방식으로 세상을 배워 나가게 될 것입니다. 그렇지만 이곳 대학에서 성취한 것들을 통해 여러분은 앞으로 닥칠 상황들을 헤쳐 나갈 수 있을 것입니다. 여러분이 이곳에서 얻은 것은 단지 방대한 지식뿐만이 아닙니다. 여러분은 학습하는 방법을 배웠습니다. 바로 배움의 가치를 배운 것입니다.

그리고 솔직히 말해서, 대학 졸업 후 20년이 지난 지금의 저는 대학 시절보다 훨씬 더 나은 학생이 되었습니다. 그리고 여러분의 경우도 마찬가지일 것입니다. 여러분은 끊임없이 배울 것이고, 끊임없이 발전해 나갈 것입니다. 가장 중요한 것은, 그러한 지식의 공백 중 일부는 가장 소중한 것으로 채워질 것입니다. 바로 새로운 생각, 새로운 아이디어로 말입니다. 세상을 바꿀 그런 생각들 말입니다.

I **thought back to** the world of my graduation, when Emma[1] and I were sitting there **20 odd years ago**. And I thought about what were the problems of the world, what were the terrible things we faced. **Racism**, **income inequality**, **warfare**. I could go on, but you know this list. And the reason you know is that it's **exactly the same** today. And what that made me think is, well, what have we been doing for the last twenty years?

Because if I'm going to give you any advice, I have to sort of **take** a bit of **a hard look** about my generation, about what we have done. And **the truth is** I think we've failed to **address** a lot of **the fundamentals**.

---

1 Emma 에마 토머스(Emma Thomas). 크리스토퍼 놀란의 아내. 크리스토퍼는 연설에서 에마가 영화 제작자이며 둘은 대학 첫날에 만났다고 소개했다.

주요 표현 확인

think back to ~을 회상하다
20 odd years ago 대략 20년 전에
racism 인종 차별
income inequality 소득 불평등

warfare 전쟁
be exactly the same 완전히 동일하다
the truth is 사실은 ~이다

핵심 패턴 연습

• **take a hard look** 면밀히 살펴보다

Before buying a car, you should **take a hard look** at its condition.
차를 구매하기 전에, 차의 상태를 면밀히 살펴봐야 한다.

After the incident, the manager **took a hard look** at safety procedures.
그 사고 이후, 책임자는 안전 절차를 면밀히 살펴봤다.

• **address the fundamentals** 근본적인 핵심을 다루다

Good cooking starts with **addressing the fundamentals** of seasoning.
훌륭한 요리는 양념의 근본적인 핵심을 다루는 것에서 시작된다.

To get better at soccer, **address the fundamentals** of dribbling and passing.
축구를 더 잘하기 위해서, 드리블과 패스의 근본적인 핵심을 연마해라.

낭독 훈련

(/) 끊어 읽기   (●) 강세 넣기

I thought **back** / to the **world** of my graduation, / when **Emma** and **I** / were **sit**ting there / **20 odd** years a**go**. / And I **thought** about / **what** were the **prob**lems of the **world**, / **what** were the **terrible things** we **faced**. / **Ra**cism, / **in**come ine**qual**ity, / **war**fare. / I could go **on**, / but **you know** this **list**. / And the **rea**son you **know** / is that / it's e**xact**ly the **same** to**day**. / And **what** that **made** me **think** is, / well, / **what** have we been **do**ing / for the **last twen**ty **years**?

Because if I'm **go**ing to **give** you any ad**vice**, / I **have** to **sort** of / **take** a **bit** of a **hard look** / about **my** gene**ra**tion, / about **what we** have **done**. / And the **truth** is / I **think** we've **failed** / to ad**dress** a **lot** of the funda**men**tals.

제 졸업식 당시의 세상을 회상해 보았습니다. 20여 년 전 저는 지금의 아내 에마와 함께 졸업식장에 앉아 있었습니다. 저는 세상의 문제들, 우리가 직면한 끔찍한 문제들이 무엇인지를 생각해 보았습니다. 인종 차별, 소득 불균형, 전쟁 등 끝없이 나열할 수 있지만 여러분은 이미 아시겠죠. 왜냐하면 이 문제들은 바로 오늘날에도 똑같이 존재하고 있기 때문입니다. 그러고 보니 이런 생각에 미치게 되네요. 그러니까, 지난 20년간 도대체 우리는 무엇을 한 것일까요?

제가 여러분들에게 어떤 조언을 해 주려면, 저는 먼저 저희 세대가 무엇을 했는지 냉정하게 돌아봐야 한다고 생각합니다. 사실상 저희 세대는 많은 근본적인 문제를 해결하는 데 실패했다고 생각합니다.

I would love for you to **look at fundamentals**, to look at **what we are really doing** in the world. What is **the change that is being effected**? How can we actually **move the ball forward**, progress in this way?

Oscar Wilde[1] once said, "**The old** believe everything, **the middle-aged** suspect everything, **the young** know everything." You do know everything. I'm clearly **in my suspicious phase**, and I'd love to **impart** some of that to you, because I think there's **an enormous amount of work** to be done.

And in the great tradition of these speeches, generally what happens is the speaker **says something along the lines of** "You need to chase your dreams." But I'm not going to say that because I don't believe it. I don't want you to **chase your dreams**. I want you to **chase your reality**.

---

1 Oscar Wilde 오스카 와일드. 아일랜드 출신의 작가. 동화와 소설, 희곡 등 다양한 분야의 글을 썼으며 대표작으로는 〈행복한 왕자〉가 있다. 아름다움에 최고의 가치를 두고, 아름다움을 창조하는 것이 예술이라 여기는 '유미주의'를 주장했다.

look at fundamentals
근본적인 핵심을 직시하다

what someone is really doing
~가 정말 무엇을 하고 있는지

the change that is being effected
일어나고 있는 변화

the old 노년층

the middle-aged 중년층

the young 젊은층

in one's suspicious phase
의구심을 갖고 있는 단계에

impart 전해 주다

an enormous amount of work
막대한 양의 일

chase one's dreams 꿈을 좇다

chase one's reality 현실을 좇다

- **move the ball forward** 상황을 진척시키다

  Let's **move the ball forward** on our travel plans by researching travel destinations.
  여행지들을 조사함으로써 우리의 여행 계획을 진척시켜 보자.

  Moving the ball forward with your savings starts with avoiding unnecessary expenses.
  저축을 늘리는 것의 출발점은 불필요한 지출을 피하는 것에서 시작된다.

- **say something along the lines of** ~라는 맥락의 이야기를 하다

  He **said something along the lines of** needing more time to finish the project.
  그는 프로젝트를 끝내기 위해 시간이 더 필요하다는 맥락의 이야기를 했다.

  He **said something along the lines of** every failure being a stepping stone to success.
  그는 모든 실패가 성공으로 가는 디딤돌이라는 맥락의 이야기를 했다.

I would **love** for you / to **look** at funda**men**tals, / to **look** at **what** we are **real**ly **do**ing / in the **world**. / **What** is the **change** / that is being ef**fect**ed? / How can we **ac**tually / **move** the **ball** for**ward**, / pro**gress** in this **way**?

Oscar **Wilde once** said, / "The **old** be**lie**ve **e**verything, / the **mid**dle-aged sus**pect e**verything, / the **young know e**verything." / You **do** know **e**verything. / **I'm clear**ly / in my sus**pi**cious **phase**, / and I'd **love** to im**part some** of that / to **you**, / because I **think** there's an e**nor**mous a**mount** of **work** / to be **done**.

And in the **great** tra**di**tion / of these **speech**es, / generally what **hap**pens is / the **speak**er **says** / **some**thing a**long** the **lines** of / "You **need** to **chase** your **dreams**." / But I'm **not** going to **say** that / because I **don't** be**lie**ve it. / I **don't want** you / to **chase** your **dreams**. / I **want** you / to **chase** your reality.

저는 여러분이 근본적인 문제에 주목하길 바랍니다. 여러분이 세상 속에서 실제로 무슨 일을 하고 있는지, 어떤 변화가 일어나고 있는지, 우리가 어떻게 일을 진척시키고 나아갈 수 있을지 살펴보길 바랍니다.

오스카 와일드가 이런 말을 한 적이 있습니다. "노인은 모든 것을 믿고, 중년은 모든 것을 의심하며, 젊은이는 모르는 것이 없다." 여러분은 '모든 것을 알고 있는' 단계에 있고, 저는 명백하게 '의심' 단계에 있습니다. 그리고 제 의심의 일부를 여러분에게 전해 주고 싶습니다. 왜냐하면 해야 할 일이 상당히 많기 때문입니다.

보통 이런 졸업식 연설에서, 연사가 전통적으로 하는 말은 아마도 "여러분의 꿈을 좇아야 합니다."와 같은 맥락의 말일 것입니다. 하지만 저는 그 말을 하지 않으려고 합니다. 왜냐하면 그 말을 믿지 않기 때문입니다. 저는 여러분이 꿈을 좇는 것을 원하지 않습니다. 여러분이 '현실'을 좇기를 바랍니다.

And I want you to understand that you **chase your reality** not **at the expense of** your dreams, but **as the foundation of** your dreams.

It's very, very important that you take the elevator position[1] that you have achieved over these four years, the advantages that this fantastic education has **conferred on** you, and you **do everything you can with it** to **improve the world**, to improve reality **in whatever field** you're **going off to work** in.

I think by **looking at fundamentals**, looking at how people are really affected by what you do, I think you **have limitless potential**.

---

1 elevator position 미국 명문 대학교 중 하나인 프린스턴 대학교에서 4년 동안 정규 교육을 받으면서, 다른 사람보다 더 우위에서 시작할 수 있는 졸업생들의 위치를 비유적으로 가리키는 표현.

연설 음원

주요 표현 확인

chase one's reality 자신의 현실을 좇다

as the foundation of ~의 기반으로 삼아

confer on ~에 부여하다

do everything someone can with something
~가 ~을 가지고 할 수 있는 모든 것을 하다

improve the world
더 살기 좋은 세상을 만들다

in whatever field 어떤 분야에서든 간에

go off to work 일하러 가다

look at fundamentals
근본적인 핵심을 직시하다

핵심 패턴 연습

- **at the expense of** ~을 잃어 가며

  She got the promotion **at the expense of** her health.
  그녀는 건강까지 잃어 가며 승진했다.

  He pursued financial success **at the expense of** his true happiness.
  그는 진정한 행복을 잃어 가며 금전적인 성공을 추구했다.

- **have limitless potential** 잠재력이 무한하다

  This small town **has limitless potential** to attract tourists both from home and abroad.
  이 작은 마을은 국내외 관광객을 끌어들일 수 있는 잠재력이 무한하다.

  Every young child **has limitless potential** to learn and grow.
  모든 어린 아이는 배우고 성장할 수 있는 무한한 잠재력을 가지고 있다.

Christopher Nolan's Commencement Address 93

And I **want** you to under**stand** / that you **chase** your re**a**lity / **not** at the ex**pense** / of your **dreams**, / but as the foun**da**tion / of your **dreams**.

It's **ve**ry, **ve**ry im**por**tant / that you **take** the **e**levator po**si**tion / that you have a**chie**ved / over these **four years**, / the ad**van**tages that this fan**tas**tic edu**ca**tion / has con**fer**red on you, / and you **do** everything you **can** with it / to im**prove** the **world**, / to im**prove** re**al**ity / in what**ever field** / you're going **off** to **work** in.

I **think** by **look**ing at funda**men**tals, / **look**ing at **how** people are **real**ly affec**ted** / by **what** you **do**, / I **think** you **have** **li**mitless po**ten**tial.

이 말을 정확하게 이해해 주시기를 바랍니다. 현실을 좇으라는 말은 여러분의 꿈을 희생하라는 뜻이 아니라, 여러분의 꿈을 실현하는 기반으로서 현실을 추구하라는 말입니다.

이것은 매우, 매우 중요합니다. 대학 4년 동안 여러분이 성취한 사회적 위치, 그리고 훌륭한 교육이 가져다준 강점을 최대한 활용해서, 여러분이 어떤 분야에서 일하든지 간에 세상을 개선하기 위해, 현실을 개선하기 위해 여러분이 할 수 있는 모든 것을 하십시오.

문제의 근본을 바라보고, 여러분의 행동이 다른 사람들에게 어떤 영향을 미치는지를 봤을 때, 여러분은 무한한 잠재력을 가지고 있습니다.

필사 노트

● 연설문의 내용 중 기억하고 싶은 문장 또는 문단을 따라 적어 보세요.

● 위 구절이 마음에 와닿았던 이유도 자유롭게 적어 보세요.

연설 영상

Matt Damon's Commencement Address at MIT, 2016

맷 데이먼 매사추세츠 공과 대학교 졸업식 축사, 2016

맷 데이먼(Matt Damon)은 미국의 유명 배우이자 영화 제작자로, 《굿 윌 헌팅》, 《본》 시리즈 등 다양한 영화에서 활약하며 아카데미 상을 수상한 바 있다.

2016년에 그는 MIT 대학 졸업생들에게 자신의 경험을 바탕으로 도전을 두려워하지 않고, 세상의 다양한 문제들을 올바르게 직시할 것을 당부했다. 그의 연설은 학생들이 끊임없이 배우고 성장하며 더 좋은 세상을 만들 수 있도록 격려하는 따뜻하고 희망찬 메시지를 담고 있다.

It is such an honor to be part of your day. You've got to go out and do really interesting things, important things, **inventive** things, because this world, real or imagined, has some problems that we need you to drop everything and solve.

But before you **step out into** our big, **troubled world**, I want to **pass along a piece of advice** that Bill Clinton[1] offered me **a little over a decade ago**. Actually, when he said it, it felt less like advice and more like **a direct order**. What he said was, "**Turn toward** the problems you see. You have to engage and turn toward the problems that you see." But when he said this to me, he literally turned his body **for emphasis** towards me.

No, listen. It seemed kind of simple **at the time**, but **the older I get**, the more wisdom I see in this. That is what I want to **urge you to do** today: Turn towards the problems that you see and engage with them. **Walk right up to** them, look them in the eye and then **look yourself in the eye**, and decide what you're going to do about them.

----

1 Bill Clinton 빌 클린턴. 미국의 제42대 대통령.

연설 음원

주요 표현 확인

It is such an honor to
~하게 되어 매우 영광이다

inventive 창의적인

step out into ~로 발을 내딛다

troubled world 문제투성이인 세상

a little over a decade ago 십여 년 전

a direct order 바로 따라야 하는 명령

turn toward ~쪽으로 방향을 돌리다

for emphasis 강조하기 위해

at the time 당시에는

urge someone to do
~에게 강력히 촉구하다

walk right up to 바로 앞까지 다가가다

look oneself in the eye
스스로를 정면으로 바라보다

핵심 패턴 연습

• **pass along a piece of advice** 조언 한마디를 건네다

Before the game, the coach **passed along a piece of advice** to the team.

경기 전에, 감독은 팀에게 조언 한마디를 건넸다.

My friend **passed along a piece of advice** that changed my life.

내 친구는 내 인생을 바꾼 조언 한마디를 건넸다.

• **the older someone gets** 나이가 들수록

The older someone gets, the more they value quiet moments alone.

나이가 들수록, 혼자 조용히 있는 순간들을 더 소중하게 여긴다.

The older children get, the more they understand their parents.

자녀들은 나이가 들수록, 자신들의 부모를 더 잘 이해하게 된다.

Matt Damon's Commencement Address 99

It is **such** an **ho**nor **/** to be **part** of your **day**. **/** You've **got** to go **out /** and **do real**ly **in**teresting things, **/** im**por**tant things, **/** in**ven**tive things, **/** because **this world**, **/ real** or im**ag**ined, **/** has some **pro**blems **/** that we **need** you to **drop** everything **/** and **sol**ve.

But be**fore** you step **out /** into our **big**, **trou**bled **world**, **/** I **want** to pass a**long /** a **piece** of ad**vice /** that **Bill** Clinton **of**fered me **/** a **lit**tle over a **de**cade a**go**. **/ Ac**tually, **/** when he **said** it, **/** it felt **less** like ad**vice /** and **more** like a di**rect or**der. **/ What** he **said** was, **/** "**Turn** to**ward** the **pro**blems you **see**. **/** You **have** to en**gage /** and **turn** to**ward** the **pro**blems **/** that you **see**." **/** But when he **said** this to me, **/** he **lit**erally **turn**ed his **bo**dy **/** for **em**phasis **/** to**wards** me.

No, **/ lis**ten. **/** It **seem**ed kind of **sim**ple at the **time**, **/** but the **old**er I **get**, **/** the **more wis**dom I **see** in this. **/ That** is **what** I **want** to **urge** you **/** to **do** to**day**: **/ Turn** to**wards** the **pro**blems **/** that you **see /** and en**gage** with them. **/ Walk** right **up** to them, **/ look** them in the **eye /** and then **look** your**self** in the **eye**, **/** and de**cide /** what you're **go**ing to **do** about them.

여러분의 졸업식에 함께 하게 되어 정말 영광입니다. 여러분은 세상에 나가 정말 흥미로운 일, 중요한 일, 창조적인 일을 해야만 합니다. 왜냐하면 이 세상은, 실제이든 상상이든, 여러분이 만사 제쳐 두고 해결해야 할 문제들이 있기 때문입니다.

하지만 여러분이 이 크고 골치 아픈 세상으로 나가기 전에, 저는 십여 년 전 빌 클린턴이 제게 해준 조언 하나를 여러분에게 전하고 싶습니다. 사실, 그때 느낌은 조언이라기보다는 명령처럼 느껴졌습니다. 그가 말하길, "당신이 직면한 문제를 향해 다가가라. 당신이 직면한 문제에 적극 참여하고, 그것에 다가가야 한다."는 것이었습니다. 그런데 제게 그 말을 할 때, 그는 강조하기 위해 실제로 몸을 제 쪽으로 돌리기까지 했습니다.

아니, 들어 보세요. 그때는 굉장히 단순한 말이라고 생각했는데, 나이가 들어 갈수록 그 말 속에 담긴 지혜를 더 깊이 깨닫게 됩니다. 이것이 바로 오늘 여러분에게 하고 싶은 말입니다. 여러분이 직면한 문제를 직시하고, 그 문제에 직접적으로 뛰어드십시오. 곧장 그 문제와 부딪히고, 눈으로 직접 확인하십시오. 그리고 나서 여러분 자신을 똑바로 바라보고, 이제 그 문제에 대해 무엇을 할지 결정하십시오.

There's a lot of trouble **out there**. But there's a lot of beauty, too. And I hope you see both. But again, **the point is** not to become some kind of **well-rounded**, **high-minded voyeur**. The point is to **eliminate your blind spots**—the things that keep us from grasping the bigger picture.

But **looking at the world as it is**, and engaging with it, is the first step towards **identifying our blind spots**. And that's when we can really start to **understand ourselves better** and begin to solve some problems.

🎧 연설 음원

주요 표현 확인

out there 바깥세상에
the point is 요점은 ~이다
well-rounded 다재다능한
high-minded voyeur 고상한 방관자
eliminate one's blind spots
사각지대를 없애다

identify one's blind spots
사각지대를 식별해 내다
understand oneself better
스스로를 더 잘 이해하다

핵심 패턴 연습

- grasp the bigger picture 더 큰 그림을 파악하다

  The detective had to **grasp the bigger picture** to solve the complex case.
  탐정은 복잡한 사건을 해결하기 위해 더 큰 그림을 파악해야 했다.

  To make good decisions, it's important to **grasp the bigger picture**.
  좋은 결정을 내리려면, 더 큰 그림을 파악하는 것이 중요하다.

- look at the world as it is 세상을 있는 그대로 바라보다

  It's important to **look at the world as it is**, not how we wish it to be.
  세상을 우리가 희망하는 대로 보는 것이 아니라, 있는 그대로 바라보는 것이 중요하다.

  To learn history properly, we should **look at the world as it is**.
  역사를 제대로 배우기 위해, 우리는 세상을 있는 그대로 바라봐야 한다.

There's a **lot** of **trou**ble **out** there. **/** But there's a **lot** of **beau**ty, **too**. **/** And I **hope** **/** you **see both**. **/** But a**gain**, **/** the **point** is **/** **not** to be**come some** kind of **well**-rounded, **/** **high**-minded vo**yeur**. **/** The **point** is **/** to e**lim**inate your **blind** spots **/** —the **things** that **keep** us **/** from **grasp**ing the **bigger pic**ture.

But **look**ing at the **world** as it **is**, **/** and en**ga**ging with it, **/** is the **first** step to**wards** **/** i**den**tifying our **blind spots**. **/** And **that's** when **/** we can **real**ly start **/** to under**stand** ourselves **better** **/** and be**gin** to **solve** some **pro**blems.

바깥세상에는 많은 문제들이 있습니다. 하지만 아름다운 일도 많습니다. 여러분이 양면을 모두 볼 수 있기를 바랍니다. 하지만, 제가 하고자 하는 말은 다재다능하고 고상한 방관자라 되라는 것이 아닙니다. 중요한 것은 여러분이 놓치는 사각지대가 없도록 하라는 것입니다. 큰 그림을 파악하는 것을 방해하는 것들 말이죠.

하지만 세상을 있는 그대로 보는 것, 그리고 그것에 적극 개입하는 것이야말로 우리가 놓치고 있는 사각지대를 알아차리는 첫걸음입니다. 그제야 비로소 우리는 우리 자신을 더 잘 이해하고 문제를 해결할 수 있습니다.

맷 데이먼 매사추세츠 공과 대학교 졸업식 축사

First, you're going to fail sometimes, and that's a good thing. For all the **amazing successes** I've been lucky to share in, few things have shaped me more than the auditions that Ben[1] and I used to do as young actors, where we would **get on a bus**, we'd **show up** in New York, we'd **wait for our turn**, we'd **cry our hearts out** for a scene, and then be told, "OK, thanks." Meaning: game over. We used to call it "being OK thanksed." Those experiences **became our armor**.

The second thing I want to leave you with is that you've got to **keep listening**. The world wants to hear your ideas—good and bad. But today is not the day you switch from "**receive**" to "**transmit**." Once you do that, your education is over. And your education should never be over. **Even outside of your work**, there are ways to **keep challenging yourself**.

---

1 **Ben** 미국의 배우이자 영화감독 벤 애플렉(Ben Affleck). 맷 데이먼과 벤 애플렉은 할리우드(Hollywood) 대표 친구 사이이다.

주요 표현 확인

amazing success 엄청난 성공
get on a bus 버스에 탑승하다
show up 모습을 드러내다
wait for one's turn 차례를 기다리다
become one's armor 보호막이 되다

keep listening 계속 경청하다
receive 수신
transmit 송신
even outside of your work 일 외적으로도

핵심 패턴 연습

- **cry one's heart out** 가슴이 터지도록 울다, 혼신의 힘을 다해 소리치다

  She **cried her heart out** after saying goodbye to her friend.
  그녀는 친구와 작별 인사를 한 후 가슴이 터지도록 울었다.

  While reading the book, she **cried her heart out**.
  책을 읽으며, 그녀는 가슴이 터지도록 울었다.

- **keep challenging oneself** 스스로 계속해서 도전하다

  She **keeps challenging herself** to learn new languages and cultures.
  그녀는 새로운 언어와 문화를 배우기 위해 스스로 계속해서 도전한다.

  To improve, athletes must **keep challenging themselves** every day.
  실력을 늘리기 위해, 운동선수들은 매일 스스로 계속해서 도전해야 한다.

낭독 훈련

(/ 끊어 읽기) (● 강세 넣기)

First, / you're **going** to **fail some**times, / and **that's** a **good** thing. / For **all** the a**ma**zing suc**cess**es / I've been **luck**y to share in, / **few** things have **shaped** me **more** / than the auditions / that **Ben** and I used to **do** / as **young ac**tors, / where we would **get** on a **bus**, / we'd show **up** in New **York**, / we'd **wait** for our **turn**, / we'd **cry** our **hearts out** / for a **scene**, / and then be **told**, / "OK, **thanks**." / **Mean**ing: / **game** over. / We **used** to **call** it / "being **OK thanks**ed." / **Those** experiences / be**came** our **ar**mor.

The **se**cond **thing** / I **want** to **leave** you with / is that / you've **got** to **keep lis**tening. / The **world wants** to **hear** your i**deas** / —**good** and **bad**. / But to**day** is **not** the **day** / you **switch** from "re**ceive**" / to "**trans**mit." / **Once** you **do** that, / your edu**ca**tion is **o**ver. / And your edu**ca**tion / should **nev**er be **o**ver. / **Even** out**side** of your **work**, / there are **ways** / to **keep chal**lenging your**self**.

첫 번째로, 여러분은 때때로 실패할 것입니다. 그리고 그것은 좋은 일입니다. 운 좋게 경험한 놀라운 성공들 가운데, 젊은 시절 벤 애플렉과 제가 오디션에서 실패했던 것보다 더 저를 성장시킨 것은 없었습니다. 저희는 버스를 타고, 뉴욕에 도착해서, 순서를 기다리고, 한 장면을 위해 혼신의 힘을 다해 우는 연기를 한 후, 이런 말을 들어야 했습니다. "네, 감사합니다." 이 말은 곧, 끝났다는 뜻이었죠. 저희 둘은 또 "네, 감사합니다 당했네."라고 말하곤 했습니다. 이 경험들은 저희를 강하게 만들어 주었습니다.

두 번째로 여러분에게 남기고 싶은 말은 늘 경청해야 한다는 것입니다. 세상은 여러분의 아이디어를 듣고 싶어 합니다. 그것이 좋든 나쁘든 말이에요. 하지만 오늘은 여러분이 '수신'에서 '송신'으로 모드를 바꿔야 할 때가 아닙니다. 일단 그렇게 '송신' 모드로 바뀌면, 더 이상의 배움은 일어나지 않습니다. 여러분은 끊임없이 공부해야 합니다. 일 외에도 여러분을 끊임없이 도전하게 할 방법들이 있습니다.

SPEECH 6-4

맷 데이먼 매사추세츠 공과 대학교 졸업식 축사

So let me ask you this in closing: What are you going to **be a part of**? What is the problem that you'll try to solve? Whatever your answer, it's not going to be easy. Sometimes, your work will **hit a dead end**. Sometimes, your work will **be measured in half-steps**.

Your work starts today. This is a fact; this is not fiction. This **improbable** thing is actually happening. There's more **at stake** today than in any story ever told. And how lucky you are that you're here, and you're you. And how lucky we are that you are here, and you are you.

So, I hope you'll turn toward **the problem of your choosing**. I hope you will drop everything, and I hope you'll solve it. This is your life. **This is your moment**, and it**'s all down to you**.

연설 음원

주요 표현 확인

be a part of ~의 구성원이 되다

be measured in half-steps
진척이 더디다

improbable 일어날 것 같지 않은

the problem of one's choosing
~가 선택한 문제

This is one's moment
~가 주인공인 순간이다

be all down to someone
~에게 전부 달려 있다

핵심 패턴 연습

- ## hit a dead end 벽에 부딪히다, 막다른 골목에 도달하다

  When the discussion **hit a dead end**, we decided to put it up for a vote.

  토론이 벽에 부딪혔을 때, 우리는 투표로 결정하기로 했다.

  We may **hit a dead end** in life, but we must find a way to get past it.

  인생에서 막다른 골목에 도달하는 경우도 있지만, 그럴 때 헤쳐 나가는 방법을 찾아야 한다.

- ## at stake (운명이) 걸려 있는, 위태로운

  The final outcome of the trial could be **at stake** with this new evidence coming up.

  새로 제시되는 증거에 재판의 최종 결과가 걸려 있을 수 있다.

  The future of the company is **at stake** with this major decision.

  이 중대한 결정에 회사의 미래가 걸려 있다.

낭독 훈련

So **let** me **ask** you **this** / in **clo**sing: / **What** are **you** going to **be** a **part** of? / **What** is the **pro**blem / that you'll **try** to **solve**? / What**ever** your **an**swer, / it's **not** going to be **easy**. / **Some**times, / your **work** will **hit** a **dead** end. / **Some**times, / your **work** will be **mea**sured / in **half**-steps.

Your **work starts** to**day**. / **This** is a **fact**; / this is **not fic**tion. / **This** impro**ba**ble thing / is **actually happ**ening. / There's **more** at **stake** to**day** / than in **any story** ever **told**. / And **how lucky** you are / that you're **here**, / and you're **you**. / And **how** lucky **we** are / that **you** are **here**, / and **you** are **you**.

So, / I **hope** you'll **turn** toward the **pro**blem / of your **choo**sing. / I **hope** you will **drop** everything, / and I **hope** you'll **solve** it. / **This** is your **life**. / **This** is your **mo**ment, / and it's **all down** to **you**.

그럼, 마지막으로 질문을 하나 하겠습니다. 여러분은 어떤 일에 참여하고 싶은가요? 여러분이 해결하고 싶은 문제는 무엇인가요? 여러분의 대답이 무엇이든 간에, 그것은 쉽지 않을 것입니다. 때때로, 막다른 골목에 부딪힐 것입니다. 때로는, 일의 진척 속도가 더딜 수도 있습니다.

오늘 여러분의 일이 시작됩니다. 이것은 허구가 아닌 사실입니다. 이 믿기 어려운 일이 실제로 일어나고 있습니다. 오늘날의 문제는 과거 그 어떤 순간보다 더 많은 것들이 걸려 있습니다. 여러분이 이 자리에 있고, 여러분이 여러분 자신이어서 얼마나 다행인가요. 여러분이 이 자리에 있고, 여러분이 여러분 자신이어서 우리는 또 얼마나 다행인가요.

그러니, 여러분이 선택한 문제를 향해 나아가기를 바랍니다. 여러분이 만사 제쳐 두고, 당면한 문제를 해결하기를 바랍니다. 그것이 여러분의 인생입니다. 여러분의 순간입니다. 그리고 이 모든 것은 여러분에게 달려 있습니다.

필사 노트

● 연설문의 내용 중 기억하고 싶은 문장 또는 문단을 따라 적어 보세요.

● 위 구절이 마음에 와닿았던 이유도 자유롭게 적어 보세요.

낭독하는 명연설문 BOOK·2

1판 1쇄 2024년 7월 15일
1판 2쇄 2024년 9월 30일

지은이 이현석, 새벽달(남수진), 롱테일 교육 연구소
책임편집 김지혜 | **편집** 홍하늘
디자인 엘림, 오현정, 박새롬
마케팅 두잉글 사업 본부

펴낸이 이수영
펴낸곳 롱테일북스
출판등록 제2015-000191호
주소 04033 서울특별시 마포구 양화로 113, 3층(서교동, 순흥빌딩)
전자메일 team@ltinc.net
롱테일북스는 롱테일㈜의 출판 브랜드입니다.

ISBN 979-11-91343-66-3 13740